FILIPPO DONVITO - LUCA S. CRISTINI

# LA BATTAGLIA DI MARIGNANO

## 13-14 SETTEMBRE 1515 - LA BATTAGLIA DEI GIGANTI

THE BATTLE OF MARIGNANO - 13-14 SEPTEMBER 1515

I0569001

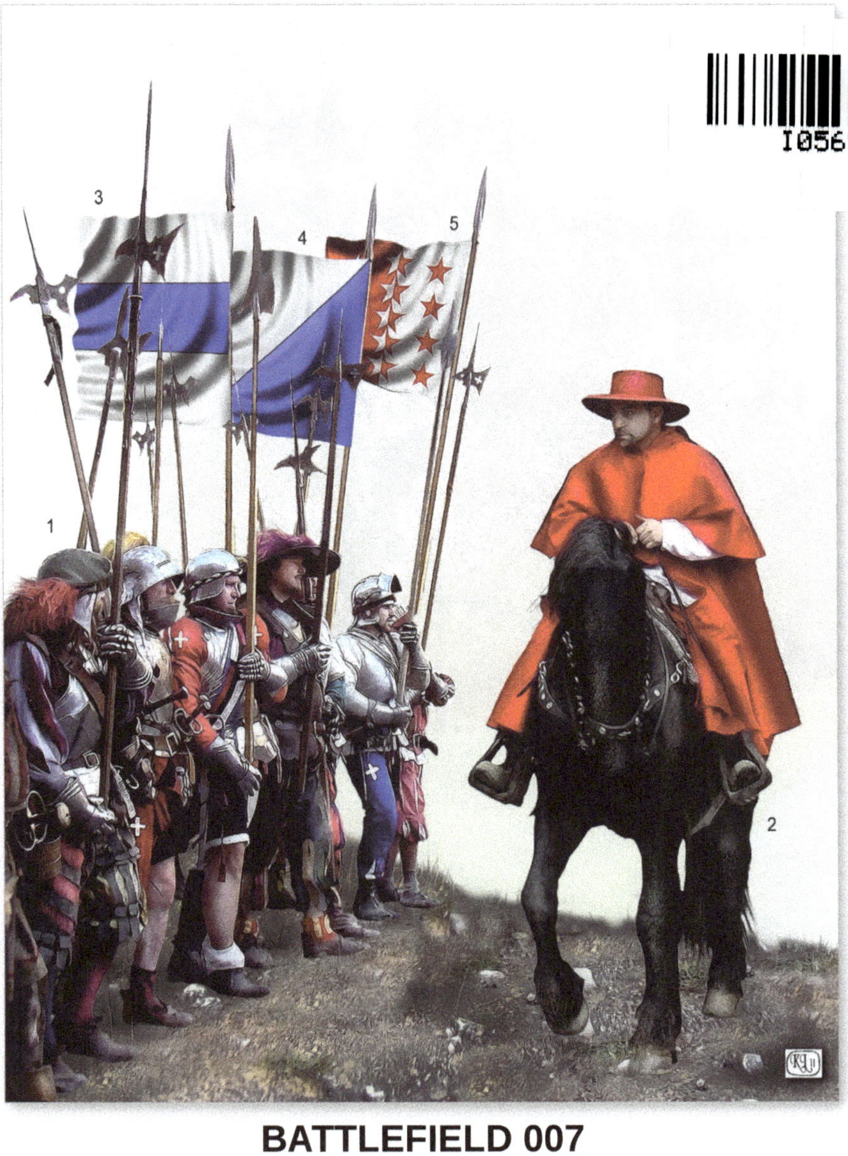

**BATTLEFIELD 007**

## AUTORI - AUTHORS:

**Filippo Donvito** è nato a Milano nel 1988. Studia legge, ma fin da bambino nutre una grande passione per la storia. Le sue ricerche riguardano in particolare le monarchie ellenistiche, l'antica Persia, l'Italia normanna e le guerre d'Italia del '500. Ha collaborato con le riviste specializzate Ancient Warfare e Medieval Warfare; *La battaglia dei giganti* è il suo primo libro.

**Luca Stefano Cristini**, bergamasco, appassionato da sempre di storia militare. Dirige da diversi anni riviste nazionali specializzate di carattere storico uniformologico. Ha collaborato con gli editori Albertelli e De Agostini per varie loro pubblicazioni. Ha pubblicato un importante lavoro, su due tomi, dedicato alla guerra dei 30 anni (1618-1648). Ha recentemente pubblicato insieme a Mario Venturi, due volumi sulla battaglia di Azincourt. Cristini ha al suo attivo molti titoli delle collane Soldiershop.

## BATTLEFIELD

BattleField, è la collana che analizza i campi di battaglia dal punto di vista "oggi e allora" Offrendo prospettive inedite ed interessanti per lo studio degli scontri principali della storia attraverso armi, uniformi e mappe storiche di eserciti e soldati impegnate nelle più famose campagne militari. La collana è definita da una linea di colore rosso sulla copertina.

## RINGRAZIAMENTI

Gli autori desiderano ringraziare in particolare i gruppi reenactor Storinsubria e De Rebus Malatestianus per averci fornito immagini e materiale per realizzare l'iconografia del volume, a Massimo Andreoli e al CERS per la cortese disponibilità. Un grazie speciale va a Giovanni Banfi per la cortesia e amicizia dimostrata in tutto lo svolgersi del lavoro. Si ringraziano inoltre: Mario Venturi, Marco Lucchetti, Fernando Volpe, Giorgio Taucer e Ugo Pozzati per le immagini in parte ricavate dai loro soldatini. Ringraziamo infine il signor Jurgen H.Fricker per le immagini delle armi e armature e il sig. Roland Haudenschild presidente della Fondazione Pro Marignano (Svizzera).
La gran parte delle immagini sono state realizzate, raccolte o acquisite dagli autori sui luoghi e nei musei citati

ISBN: 9788893273138       1a edizione: Marzo 2012 -2a edizione Gennaio 2018
Titolo: **Battlefield 007 - LA BATTAGLIA DEI GIGANTI. Marignano 13 e 14 settembre 1515**
di Filippo Donvito e Luca Stefano Cristini. Editor: Soldiershop publishing. Cover & Art Design: Luca S. Cristini. Illustrazioni a colori di Luca S.Cristini.

**In copertina : Cavalleria e Guardia del corpo del re di Francia**
*Cover: The cavalry and the bodyguard of king of France*

▶ La battaglia di Marignano nel bassorilievo che decora la tomba di Francesco I a Saint Denis, Parigi.

# PREFAZIONE - PREFACE

Il giorno 11 ottobre 1515 il re di Francia Francesco I entrava trionfalmente a Milano alla testa dei sui cavalieri in armatura completa. Alla porta Ticinese lo aspettavano i delegati della città per offrirgli lo scettro ducale, la spada e le chiavi della città che entrava ora a far parte dei domini diretti della corona francese.

L'imperatore Massimiliano d'Asburgo, appena informato dell'accaduto, spedì il suo ambasciatore a Milano con l'ordine di domandare a Francesco quali diritti gli garantivano la signoria sul capoluogo lombardo, città che formalmente apparteneva ancora all'Impero germanico. Ma alla fatidica domanda Francesco non rispose, limitandosi a mostrare la spada. Con questo gesto sprezzante non poteva che alludere alla vittoria riportata un mese prima dal suo esercito nei pressi di Melegnano. Dopo due giorni di feroci combattimenti, i Francesi avevano infatti sconfitto la fanteria più temuta dell'epoca, i mercenari svizzeri al soldo del duca di Milano Massimiliano Sforza.

La battaglia di Marignano (nel dialetto locale Melegnano si pronunciava Meregnàn) è uno degli episodi più noti delle guerre d'Italia, scoppiate sul finire del XV secolo e protrattesi fino oltre la metà di quello successivo. Questo lunghissimo conflitto, che segna il passaggio dal Medioevo all'età moderna, vedrà il sorgere delle grandi monarchie nazionali di Francia e Spagna e l'inizio di quella che gli storici chiamano ormai la "rivoluzione militare". Il declino della vecchia cavalleria feudale, definitivamente sorpassata dalla nuova fanteria di picchieri, di cui gli Svizzeri furono gli antesignani, e il perfezionamento delle armi da fuoco si imposero per la prima volta proprio durante le guerre d'Italia e in particolare a Marignano. Il gran numero di cannoni presenti, mai così tanti da quando furono introdotti 20 anni prima, e la perizia dimostrata dagli artiglieri francesi nell'impiegarli sul campo, contro dei bersagli in movimento e non delle fortificazioni immobili come invece era sempre successo fino ad allora, fanno di questa battaglia una tappa fondamentale nell'evoluzione dell'arte della guerra. Con essa comincia definitivamente quel predominio delle armi da fuoco che dura ancora oggi.

Ma Marignano non rappresenta una data importante solamente per gli esperti militari. Le sue ripercussioni si fecero a lungo sentire anche nella storia politica delle nazioni che vi presero parte. La vecchia Confederazione Elvetica, sconfitta, abbandonava il ruolo di protagonista che ricopriva ormai da mezzo secolo sulla scena europea e si ritirava nel campo della neutralità; Milano, il più ricco e potente stato del Rinascimento italiano, bottino della vittoria, perdeva pure l'indipendenza che non riacquisterà più fino al Risorgimento. Per la Francia Marignano entrò invece con orgoglio nei libri di storia, sui monumenti e le targhe delle vie accanto a Gergovia, Buovines, Austerlitz; le grandi vittorie che ne plasmarono la nazione. Tutto il paese contribuì infatti al trionfo del 14 settembre 1515, dal più umile dei pastori Guasconi con la sua balestra, fino al più nobile fra i cavalieri in groppa al suo destriero. Lo stesso re che durante la battaglia aveva fatto, oltre che quelle di generale, le veci di soldato semplice, aveva rischiato la vita al pari di tutti i suoi uomini.

Filippo Donvito

*"...le diciotto battaglie a cui ho partecipato furono un gioco di bambini in paragone di questa che mi sembra una battaglia-non di uomini, ma di giganti".*
Gian Giacomo Trivulzio

# INDICE - CONTENTS:

*...A mia madre*

# I TRATTATI FRANCO-ELVETICI

Nel 1444, alla battaglia di St. Jackob un battaglione di 1.600 Svizzeri si trovò a fronteggiare i 20.000 uomini del delfino di Francia, futuro re Luigi XI. Gli Svizzeri, per niente intimoriti dal gran numero di nemici, respinsero ben due divisioni francesi, finché, com'era naturale che fosse, non furono completamente circondati e massacrati sul posto fino all'ultimo uomo. Da quel momento Luigi non dimenticò mai il valore dimostrato da quei rudi montanari e, non appena si presentò l'occasione, strinse con loro un trattato d'alleanza e di libero commercio, firmato il 28 ottobre dello stesso anno a Ensishein.

Luigi XI nutriva una così grande stima per i suoi nuovi alleati da riuscire persino a perdonarli quando violarono i patti e nel 1465 si schierarono contro di lui nella Lega del Bene Pubblico. Il re non si perse d'animo e riuscì a staccare gli Svizzeri dalla grande coalizione antimonarchica con la stipula di un nuovo trattato d'alleanza che garantiva ai confederati un sussidio annuale di 20.000 franchi, uguali immunità e privilegi commerciali concessi ai sudditi francesi, nonché la possibilità per lo stesso re di reclutare mercenari nei cantoni. La nuova alleanza era intesa soprattutto come patto di mutua difesa contro il grande avversario di Luigi XI, il duca di Borgogna Carlo il Temerario, lo stesso che aveva ideato la Lega del Bene Pubblico. Appena lo seppe, Carlo si rivolse immediatamente contro gli Svizzeri per punirli del loro voltafaccia, ma, sconfitto prima a Grandson e poi a Morat, il 5 gennaio 1477 cadde sul campo di Nancy, regalando la vittoria finale alle falangi elvetiche.

La fiducia che Luigi XI aveva riposto negli Svizzeri era stata così ben pagata che egli pensò di servirsi ancora dell'aiuto di quel popolo così coraggioso. Nel 1480 invitò a seguirlo in Normandia un corpo di 6.000 Bernesi capitanati da Wilhelm von Diesbach allo scopo di addestrare i Francesi nel combattimento

▶ **Consiglio di guerra dei mercenari svizzeri.** Disegno di Urs Graf del 1515. Urs Graf, nato a Soletta nel 1485 circa, era uno xilografo che tuttavia non disdegnava la professione delle armi. Prese parte alla spedizione contro Digione nel 1513 e alla battaglia di Marignano nel 1515. Molti dei suoi disegni ritraggono infatti scene di guerra.

*War council of the Swiss mercenaries. Drawing of Urs Graf of 1515. Urs Graf, born in Solothurn approximately in 1485, was a xylographer who nonetheless did not disdain the profession of arms. He took part to the expedition against Dijon in 1513 and fought at Marignano in 1515. Not surprisingly many of his drawings depict was scenes.*

◀ La salamandra con il motto latino **"nutrisco et extinguo"**, emblema personale di Francesco I.

*The salamander with the latin saying "nutrisco et extinguo", personal emblem of Francis I.*

in formazione serrata. In questo modo Luigi diede finalmente al suo regno una valida fanteria, istruita dai migliori soldati nelle stesse tattiche che avevano garantito le grandi vittorie contro il duca di Borgogna. Finito il ciclo di esercitazioni, i Bernesi vennero tutti congedati, eccetto una compagnia che rimase a fianco del re come sua guardia del corpo: la guardia dei *Cent-Suisses*.

Più tardi, quando i Francesi portarono la guerra in Italia chiamati da Ludovico il Moro, nell'esercito di Carlo VIII, succeduto a Luigi XI, militavano più di 20.000 Svizzeri. Nelle guerre d'Italia il loro contributo si rivelò decisivo in ogni battaglia che sostennero per il re di Francia, tanto che le preziosissime artiglierie vennero sempre affidate alla loro custodia. Un noto cronista dell'epoca affermava addirittura che i battaglioni di fanteria svizzera *"erano la speranza dell'armata"*.

Il 7 aprile 1498, in seguito ad un banale incidente, moriva Carlo VIII. Suo successore sul trono di Francia fu il cugino Luigi d'Orléans, Luigi XII. Il nuovo re non aveva alcuna intenzione di abbandonare la politica di espansione in Italia iniziata da Carlo, e, a tale scopo, cominciò a radunare un nuovo esercito. Ma per avere successo era indispensabile la partecipazione degli Svizzeri, che Luigi saggiamente si assicurò assoldandone 9.000 per dieci anni. Questa volta le condizioni degli accordi introdussero un'importante novità: era infatti previsto per i confederati l'impiego soltanto in pianura.

I mercenari svizzeri erano divenuti più arroganti man mano che la fama delle loro vittorie si spargeva in Europa, e adesso cominciavano ad imporre loro stessi i termini d'ingaggio al re: prendere o lasciare. *"Niente denaro, niente Svizzeri"* era ormai il loro motto. Certo, gli uomini delle montagne erano i migliori soldati sulla piazza, e i loro servigi erano quasi sempre garanzia di vittoria; ma col passare del tempo le condizioni si moltiplicarono e il pagamento del soldo divenne sempre più esoso. Già altre genti, imitando le loro tattiche, si vendevano a prezzi più vantaggiosi nel mestiere delle armi. Fino a quando i montanari elvetici avrebbero mantenuto il monopolio sul mercato della guerra?

# I GIGANTI

## L'ESERCITO FRANCESE

Nel 1439, mentre infuriava ancora la guerra contro l'Inghilterra, il re di Francia Carlo VII diede inizio ad una serie di riforme in campo economico-militare che avrebbero portato alla creazione del primo esercito permanente nella storia d'Europa. Lo stesso anno il parlamento d'Orléans aveva infatti sancito che il potere di imporre nuove tasse per il mantenimento delle truppe e di nominarne i capitani da allora in avanti sarebbe spettato unicamente al re. In questo modo erano automaticamente dichiarate fuorilegge tutte le compagnie di ventura, mentre alla nobiltà non era più concesso reclutare eserciti personali. Era la rivincita del potere monarchico sui grandi feudatari ed un passo in avanti verso la nascita del moderno stato nazionale.

Sei anni dopo il re introdusse le Compagnie d'Ordinanza, l'ultimo tentativo di riformare la vecchia cavalleria medievale. Furono create 15 compagnie, ognuna composta da 100 lance. La lancia francese era un'unità formata da sei uomini, tutti a cavallo: il cavaliere in armatura pesante (uomo d'arme), lo scudiero, due arcieri o balestrieri a cavallo, un paggio e un valletto. Ogni compagnia era poi dotata di sette ufficiali, un capitano, un tenente, un portabandiera, due alfieri, un aiutante di campo ed un ufficiale di collegamento. I capitani delle compagnie dovevano essere tutti di nobile nascita, ma, non potevano mai comandare più di 100 lance a testa. Con questa misura si voleva infatti limitare il potere dell'aristocrazia, scongiurando la formazione di vasti seguiti armati attorno a personalità di rilievo della grande nobiltà. Gli uomini d'arme indossavano sopra l'armatura una sopravveste con i colori del capitano, e, a partire dal regno di Carlo VIII anche i loro cavalli vennero dotati di corazza, che insieme

▶ **Uomini d'arme della compagnia di ordinanza di Francesco I.** Incisone ottocentesca da *Costumes militaires francais depuis 1439 jusqu'en 1789* di A. de Marbot

*Men at arms of an Ordnance company of Francois Ist. XIX century engraving by Costumes militaires francais depuis 1439 jusqu'en 1789 di A. de Marbot*

◀ **Battaglia di Dornach, 22 luglio 1499.** Disegno su legno. La battaglia di Dornach, vinta da 6.000 Svizzeri contro 16.000 Austriaci dell'imperatore Massimiliano d'Asburgo, fu l'evento conclusivo della guerra Sveva (1499). L'odio reciproco tra Svizzeri e lanzichenecchi nacque proprio durante questa guerra, dove i due corpi si affrontarono per la prima volta. Al centro del disegno la cavalleria imperiale carica un quadrato bernese.

*Woodcut of the Battle of Dornach, 22 July 1499. The battle of Dornach, won by 6.000 Swiss against 16.000 Austrians of the emperor Maximilian of Habsburg, was the final engagement of the Swabian War (1499). The mutual hate between Swiss and landsknechts arose during this war, where the two units faced each other for the first time. In the middle of the drawing the imperial cavalry charges a Bernese pike square.*

a quella del cavaliere raggiungeva un peso complessivo di 80 kg. Quindici compagnie, 1.500 lance, per un totale di 9.000 combattenti a cavallo; in questo modo la corona si era assicurata il sostegno e l'assoluta fedeltà di una considerevole forza a cavallo, sempre pronta alla mobilitazione.

Oltre alle lance, il re teneva al suo servizio una celebre guardia del corpo, i cui elementi migliori provenivano dalla Compagnia dei 100 arcieri scozzesi. Arcieri solo di nome, al tempo delle guerre d'Italia costoro erano diventati veri e propri cavalieri che attorniavano il sovrano sul campo di battaglia, distinguendosi per il coraggio più volte dimostrato nell'adempiere il loro compito. Completavano la guardia altri 200 gentiluomini di corte, il fiore della nobiltà di Francia, due compagnie di 100 e 200 "arcieri" francesi e i 100 Svizzeri che abbiamo già citato.

La cavalleria francese, meglio nota come gendarmeria, era considerata la migliore d'Europa; la Francia era il paese di nascita del feudalesimo e gli ideali di onore e gloria che venivano inculcati ai figli della nobiltà li spingevano a non fuggire mai di fronte al nemico, tanto meno ad abbandonare nelle sue mani la sacra persona del re, oggetto di venerazione non minore dei santi. La stessa consapevolezza di appartenere ad un'elite guerriera li rendeva pericolosamente orgogliosi della loro posizione: piuttosto che ritirarsi dal campo di battaglia i cavalieri francesi si sarebbero fatti uccidere tutti.

Tutt'altro discorso va fatto per la fanteria. I successori di Luigi XI avevano rinunciato a proseguire l'addestramento di una valida fanteria nazionale sul modello elvetico e si erano quasi completamente affidati ai mercenari svizzeri o tedeschi. Solo i soldati provenienti dalle aspre zone dei Pirenei dimostravano una certa attitudine al combattimento, in particolare i Guasconi. Ma il loro ruolo era spesso marginale dato che il più delle volte le battaglie venivano decise dall'azione combinata della cavalleria pesante coi picchieri svizzeri. Fu quindi un errore rinunciare alla creazione di una propria fanteria; se per qualsiasi ragione gli Svizzeri fossero venuti a mancare l'esercito francese si sarebbe inevitabilmente trovato privo di un corpo fondamentale.

▶ **Gli Svizzeri valicano le Alpi** per scendere in Italia. Illustrazione di un manoscritto contemporaneo di Luzerner Schilling.

*The Swiss cross the Alps going down to Italy. Illustration from a contemporary manuscript of Luzerner Schilling.*

◀ **Soldati d'artiglieria di Francesco I.** Incisone ottocentesca da *Costumes militaires francais depuis 1439 jusqu'en 1789* di A. de Marbot

*Artillerymen of Francois Ist army. XIX century engraving by Costumes militaires francais depuis 1439 jusqu'en 1789 di A. de Marbot*

Negli assedi del XV secolo era facile poter osservare il lento caricamento di quei grossi tubi di metallo che venivano chiamati bombarde. Le bombarde erano di solito composte da più anelli smontabili per il trasporto, e venivano usate per sparare enormi palle di pietra del peso di 300 libbre contro le mura di città e castelli. Le operazioni di caricamento richiedevano giornate intere, e quando finalmente veniva aperta una breccia in un muro, spesso il nemico aveva già avuto il tempo di erigerne un altro col materiale franato. Gli arsenali degli stati italiani del'400 non contavano mai più di tre o quattro di questi ingombranti macchinari, che ogni volta dovevano essere caricati su appositi carri trainati da buoi e faticosamente difesi dalle incursioni avversarie.

Ma tutto ciò cambiò improvvisamente nel 1494. I quaranta pezzi d'artiglieria che Carlo VIII si era portato in Italia erano molto più piccoli delle bombarde; si chiamavano cannoni, ed erano ottenuti tramite la fusione di un unico pezzo in bronzo che poi veniva montato su un affusto a due ruote. Le dimensioni ridotte riducevano i tempi di ricarica e ne facilitavano il trasporto, che ora avveniva per mezzo di cavalli invece che di buoi, senza penalizzare la forza di penetrazione dei proiettili. Infatti la maggiore quantità di polvere impiegata dalle più dense e resistenti palle di ferro rendeva i colpi dei cannoni molto più violenti e distruttivi. Adesso qualsiasi difesa avrebbe ceduto nel giro di poche ore, una vera rivoluzione in campo militare.

Sembra che l'invenzione del cannone fosse da attribuire all'ingegnere vicentino Basilio della Scola, attivo all'epoca in Francia, poi passato al servizio di Venezia, che non a caso sarà l'unica potenza italiana ad avere un parco di artiglierie in grado di competere con quello dei re di Francia. Al tempo di Francesco I l'artiglieria francese aveva assunto un certo grado di uniformità; i pezzi più grossi erano i cannoni e le serpentine, impiegati principalmente per abbattere le fortificazioni, poi venivano le colubrine, di gran lunga le più comuni, e infine i falconetti, i pezzi più piccoli di tutti e per questo più adatti contro i bersagli umani sul campo di battaglia.

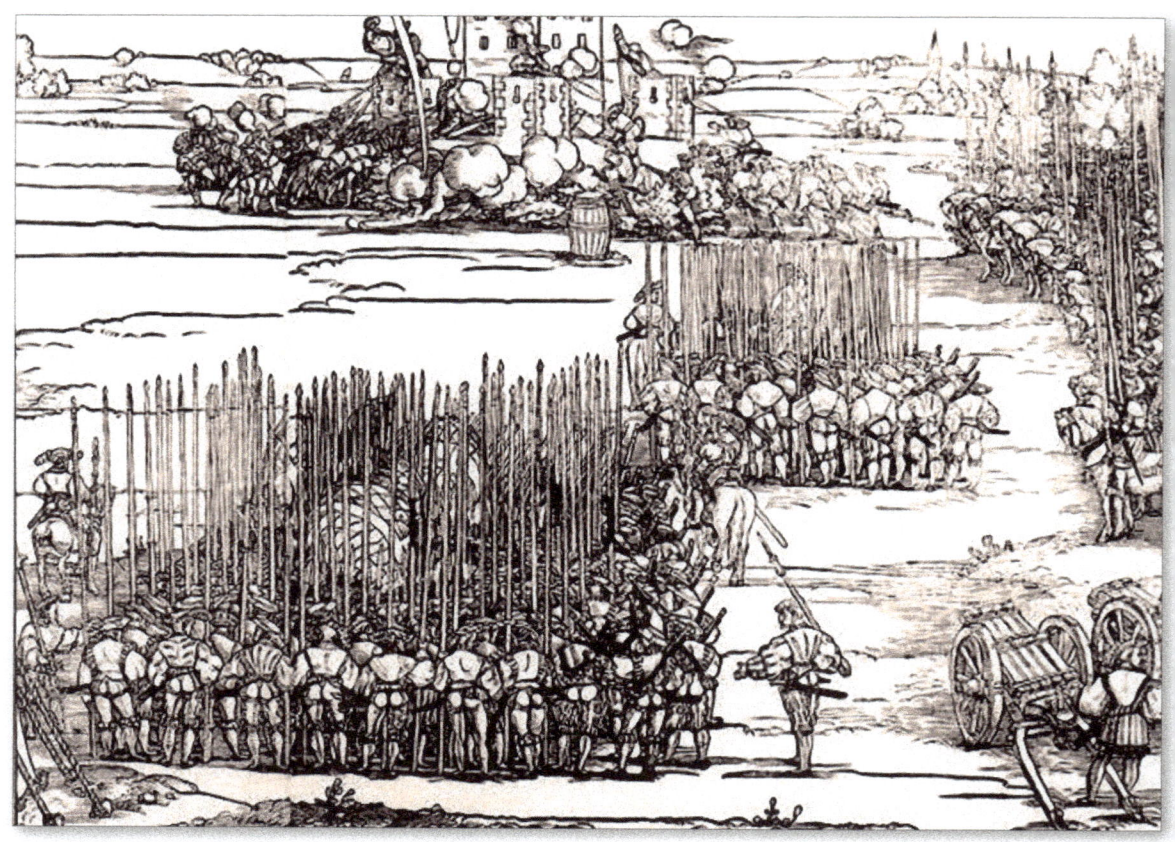

## I QUADRATI SVIZZERI

Nella seconda metà del XV secolo il sistema militare svizzero si era imposto sopra tutti gli altri per la sua brutale efficacia sul campo di battaglia. Durante le guerre di Borgogna del 1475-1477, gli Elvetici avevano infatti sconfitto il più moderno esercito dell'epoca, le compagnie d'ordinanza di Carlo il Temerario.

Gli Svizzeri si disponevano per la battaglia in grossi quadrati di picchieri e alabardieri composti da qualche migliaio di uomini ciascuno. Ad esempio, un quadrato di 6.000 uomini poteva presentare su ogni lato un fronte di circa 80 picchieri perfettamente in grado di sostenere gli attacchi della cavalleria pesante. L'affettuoso nomignolo di "istrici", che i contemporanei avevano affibbiato alla fanteria elvetica, era quanto mai adatto a descrivere queste impenetrabili formazioni irte di lance.

Ma il quadrato non serviva solamente per la difesa; la grande novità degli Svizzeri fu infatti quella di aver ridato alla fanteria quel ruolo offensivo che non aveva più avuto dall'epoca romana. Quando un quadrato attaccava, mantenendo i ranghi compatti, niente poteva resistergli.

La disciplina e la capacità di manovra venivano curate sopra ogni cosa: nel corso dell'azione non si poteva dare soccorso ai compagni feriti, ed era ammesso anche calpestarli pur di non rompere la formazione. Non va dimenticato che spesso nelle stesse unità combattevano fianco a fianco nonni, padri, figli e nipoti la cui codardia di fronte al nemico sarebbe stata immediatamente nota a tutti una volta tornati a casa.

Così scriveva al re il maresciallo francese Blaise de Montluc alla vigilia della battaglia di Ceresole nel 1544: *"Nel mio esercito militano tredici insegne di Svizzeri, il cui valore supererà quello di noi Francesi, vostri sudditi; essi manderanno ai loro cantoni l'elenco di tutti i loro uomini affinché, se qualcuno di loro non dovesse fare il suo dovere, sia radiato dai ruoli dei combattenti".*

Sul campo di battaglia la tattica preferita dagli Svizzeri prevedeva l'impiego congiunto di tre quadrati: avanguardia (*Vorhut*), corpo centrale (*Gewalthaufen*) e retroguardia (*Nachhut*). Una volta che l'avanguardia avesse preso contatto con il nemico, il centro sarebbe intervenuto premendo contro uno dei fianchi dello schieramento avversario, dando la falsa impressione di volervi operare lo sfondamento del fronte. Il nemico, concentrate tutte le forze sul fianco in pericolo, non si sarebbe accorto in tempo dell'attacco portato dalla retroguardia, che colpendo l'altro fianco lasciato sguarnito avrebbe sferrato il colpo decisivo.

Il lungo servizio mercenario lontano dalla patria era possibile per le particolari condizioni economiche che caratterizzavano la Svizzera di allora. Qualsiasi forma di agricoltura era caduta in disuso a favore dell'allevamento estensivo di bovini; donne e bambini potevano quindi restare a casa ad accudire le mandrie, mentre gli uomini si guadagnavano il soldo sui campi di battaglia.

Corazze e armature erano di solito riservate ai capitani più facoltosi, mentre le armi di offesa principali erano la picca, lunga fino a cinque metri, e l'alabarda, una via di mezzo tra un'ascia e una lancia, usata soprattutto per spezzare le aste o mozzare le gambe dei nemici.

## L'ORGANIZZAZIONE MILITARE DI VENEZIA NEL RINASCIMENTO

Gli eserciti permanenti cominciano a svilupparsi in Italia nella seconda metà del'400. I condottieri non sono ancora del tutto scomparsi, ma ora le varie signorie cercano di assicurarsene la fedeltà infeudandoli nel proprio contado. I loro contingenti sono composti soprattutto di cavalleria pesante divisi in squadre di 25 lance ciascuna.

La lancia si era diffusa in Italia a partire dalla fine del'300, ma non aveva mai raggiunto la complessità di quella d'oltralpe. Al seguito degli uomini d'arme mancavano infatti i due tiratori a cavallo, che solitamente combattevano in unità separate. Accanto alle vecchie lance, figuravano le cosiddette "lance spezzate", composte unicamente di uomini d'arme che avevano abbandonato le vecchie compagnie di

▶ **Avventurieri e mercenari al servizio francese.** Incisone ottocentesca da *Costumes militaires francais depuis 1439 jusqu'en 1789* di A. de Marbot

*Mercenaries and adventurerst men in the French army service. XIX century engraving by Costumes militaires francais depuis 1439 jusqu'en 1789 di A. de Marbot*

◀ **Quadrati di picchieri** in formazione da battaglia. Ognuno di questi quadrati comprendeva una piccola aliquota di archibugieri, schierati sul fronte e sui fianchi, pronti a ritirarsi all'interno della formazione in caso di attacco da parte della cavalleria. Sulla destra si notano un paio di cannoni ad organo, formati unendo insieme tante piccole bocche da fuoco, mentre sullo sfondo alcune truppe danno l'assalto ad una fortezza.

*Pike squares in battle formation. Each of these squares included some harquebusiers deployed on the front and the two flanks, ready to retreat inside the square in case of attack by the enemy cavalry. On the right you can see a couple of volley guns, created by the union of several small guns. On the background some troops are storming a fortress.*

ventura per passare al servizio permanente dello stato. Questi squadroni di cavalieri corazzati erano la forza principale di ogni esercito italiano, che in battaglia si lanciavano in tante piccole cariche per individuare il punto debole nello schieramento avversario prima dell'assalto decisivo. La fanteria, quasi sempre armata alla leggera, era generalmente subordinata alla cavalleria, ma trovava comunque il suo impiego in operazioni di assedio o sabotaggio.

L'unico stato che si distaccava da questa pratica, senza mai abbandonarla, era la repubblica di Venezia. Nel 1475 la Serenissima aveva introdotto la cavalleria leggera degli stradiotti a sostegno delle sue 123 squadre di cavalleria pesante. Veterani delle guerre contro i Turchi, gli stradiotti erano per la maggior parte Greci o Albanesi, e si distinguevano per la particolare ferocia che dimostravano sul campo di battaglia. In alcune occasioni riuscirono ad avere la meglio persino contro la cavalleria pesante, fatto che li rese ben presto i cavalleggeri più ricercati d'Europa. Il loro equipaggiamento leggero li favoriva nelle azioni rapide di disturbo, limitandosi ad una leggera cotta di maglia a protezione del busto, un piccolo scudo, una mazza e una lancia.

La fanteria veneziana era costituita per la maggior parte dalle cerne (da cernere, scegliere), unità di miliziani arruolate tra la popolazione contadina del Veneto e del Friuli. Dal 1507 le cerne erano state addestrate a combattere alla maniera svizzera e, nonostante la disfatta di Agnadello del 1509, avevano dimostrato un grande affiatamento e spirito combattivo di fronte al nemico. Insieme ai provvisionati, nome con cui si indicavano i soldati che prestavano regolare servizio, costituivano una valida forza appiedata fedele alla repubblica e disponibile in gran numero.

▶ **Fantaccino della Repubblica di Venezia nel 1515.** Acquerello ottocentesco di Quinto Cenni.

*Foot soldier of the Republic of Venice in 1515. Nineteenth-century watercolor of Quinto Cenni.*

# LA CADUTA DI MILANO

Luigi XII, nuovo re di Francia dalla primavera del 1498, apparteneva ad una linea collaterale della dinastia dei Valois, gli Orléans. Il suo antenato Luigi duca d'Orléans aveva sposato nel 1389 Valentina Visconti, unica figlia del duca di Milano Gian Galeazzo Visconti. Le clausole del contratto matrimoniale prevedevano che, estintasi la linea maschile dei Visconti, il ducato passasse nelle mani dei discendenti di Valentina; fatto che puntualmente si verificò nel 1447, quando morì l'ultimo discendente di Gian Galeazzo, Filippo Maria. Tuttavia Carlo d'Orléans, figlio di Luigi e Valentina, non divenne mai duca di Milano. Il condottiero Francesco Sforza, che aveva sposato una figlia naturale di Filippo Maria, si era infatti impadronito della città con la forza delle armi, mentre l'Orléans aveva speso tutte le sue fortune per riscattarsi dalla sua prigionia in Inghilterra.

Ma, con l'ascesa al trono del figlio di Carlo, tutto stava per essere messo di nuovo in discussione. Sovrano del regno più potente d'Europa, Luigi XII annunciò alla vigilia della sua incoronazione l'intenzione di aggiungere al dominio francese su Napoli quello sul ducato di Milano, allora nelle mani dell'ambiguo Ludovico Sforza.

Ludovico detto il Moro si trovava completamente isolato di fronte alla furia francese che nel 1499 stava per abbattersi sulla Lombardia. I numerosi voltafaccia della politica sforzesca negli anni precedenti avevano reso Ludovico inviso a tutti le potenze italiane, prima fra tutte Venezia. La repubblica di San Marco aveva firmato in febbraio a Blois un trattato d'alleanza con Luigi XII e ora si preparava ad invadere il milanese da est; Milano si sarebbe trovata stretta in una morsa letale, con le avanguardie francesi già in Piemonte e i Veneziani pronti a calare su Cremona e la Ghiaradadda. Come se non bastasse l'esercito milanese era in mano a degli incapaci; i capitani migliori erano stati tutti sostituiti da uomini di fiducia di Ludovico, che non si curavano d'altro che assecondare il loro signore su ogni cosa. E sarebbe stato proprio uno dei vecchi capitani estromessi dal Moro, Gian Giacomo Trivulzio, a guidare alla conquista di Milano le truppe del re di Francia. Queste, che ammontavano a 1.600 lance, 5.000 Svizzeri, 8.000 fanti francesi e più di 100 cannoni di stanza ad Asti, lanciarono l'offensiva contro il borgo fortificato di Rocca d'Arazzo nell'agosto 1499. L'artiglieria sbriciolò le mura in poche ore costringendo la guarnigione sforzesca alla resa. Fu tutto inutile, i francesi misero a sacco la città e massacrarono tutti i soldati insieme alla maggior parte degli abitanti. Poi venne la volta di Annone, che subì la stessa sorte. I Lombardi, già oppressi dalla tassazione sfrenata di Ludovico, non risposero ai suoi appelli alla resistenza contro gli invasori.

Il Trivulzio puntava del resto a impossessarsi del ducato senza neanche sguainare la spada; con un'abile propaganda prometteva pace, esenzioni fiscali e giustizia, presentando i Francesi come amici e liberatori. L'esercito milanese forte di 1.600 uomini d'arme, 1.500 cavalleggeri e 10.000 fanti si era nel frattempo rifugiato ad Alessandria, l'unico centro non ancora insorto alla notizia dell'arrivo dell'armata francese. Quando anche i suoi abitanti cominciarono a manifestare la loro intenzione di arrendersi al nemico, il comandante milanese, preso dal panico, abbandonò nottetempo i suoi uomini e corse con lo stato maggiore a rifugiarsi a Milano. Traditi dai loro stessi ufficiali, i soldati milanesi cercarono di mettersi in salvo come poterono nascondendosi nelle campagne; i pochi rimasti a difendere Alessandria vennero massacrati o fatti prigionieri dai francesi.

Alla notizia di questi disastri e della presa di Cremona e Treviglio da parte dei Veneziani, il popolo di Milano si scatenò all'assalto dei palazzi ducali, ammazzando o scacciando i sostenitori del partito sforzesco. Ludovico il Moro, persa ormai ogni speranza, il 2 settembre lasciò la città alla volta dell'Austria, dove l'attendeva il suo ultimo alleato, l'imperatore Massimiliano d'Asburgo.

L'imperatore non era potuto scendere in campo a fianco del suo feudatario (Ludovico aveva ricevuto la formale investitura imperiale nel 1494) perché, contemporaneamente all'invasione francese della Lombardia, stava combattendo l'ultima fase della guerra contro gli Svizzeri, che alla fine gli strapparono la vittoria insieme alle due città di Basilea e Sciaffusa. Intanto Luigi XII aveva fatto la sua entrata trionfale a Milano il 18 ottobre, accolto dalla popolazione in festa per le strade. Tuttavia l'illusione di una nuova età di pace e prosperità sotto la protezione del sovrano d'oltralpe svanì presto; i Francesi, alteri e prepotenti, non avevano mantenuto una sola delle promesse fatte due mesi prima dal maresciallo Trivulzio. Dopo neanche dieci giorni dal suo arrivo il re era costretto a sedare una rivolta scoppiata nella capitale del ducato. Ludovico, fiutata l'occasione, non aspettò nemmeno l'arrivo dei rinforzi promessigli da Massimiliano, e, il 5 febbraio 1500 era di nuovo a Milano alla testa di un cospicuo esercito di cavalieri borgognoni e mercenari tedeschi.

Luigi XII, che aveva smobilitato gran parte delle sue truppe dopo l'occupazione del ducato, corse al più presto ai ripari inviando il generale Louis de la Trémouille alla testa di un spedizione in soccorso ai 9.000 uomini della guarnigione francese rimasta a Novara. Ludovico era deciso più che mai a riprendersi il suo stato, per questo non si fece scrupoli a impegnare tutto il tesoro ducale per reclutare altri mercenari, Svizzeri questa volta, che portarono i suoi effettivi all'imponente cifra di 30.000 uomini. Solo più tardi il duca si accorse di non aver più un soldo per pagare la campagna del suo sconfinato esercito. Gli Svizzeri e i Tedeschi, cominciavano già a lamentarsi dei ritardi delle paghe e chiedevano di poter soddisfarsi con il sacco di Novara. Ludovico si rifiutò, e fu solo dopo mille difficoltà che si riuscì a scacciare i Francesi da Novara. Ma, proprio ora che la situazione sembrava essersi ristabilita, le sorti si capovolsero per l'ennesima volta: i Francesi si erano ricongiunti coi rinforzi del La Trémouille e passavano da assediati ad assedianti, con Ludovico chiuso tra le mura della città insieme le sue truppe recalcitranti.

L'8 aprile il Moro si decise a uscire per sfidare il nemico sul campo. Tutto era pronto, la prima schiera italiana aveva già ingaggiato i reparti francesi e aspettava l'intervento risolutivo di Svizzeri e Tedeschi, quando ecco accadere il disastro. Dato l'ordine di attacco, le truppe straniere di Ludovico si ammutinarono rifiutandosi di muovere contro il nemico; in un attimo l'esercito sforzesco si sfasciò, e la battaglia venne perduta ancor prima di essere realmente iniziata. Soltanto il giorno dopo si seppe che gli Svizzeri al soldo del Moro si erano messi d'accordo con quelli che militavano dalla parte dei Francesi per tradirlo. Ma il duca, in un estremo barlume di speranza, pensò di salvarsi camuffandosi proprio fra

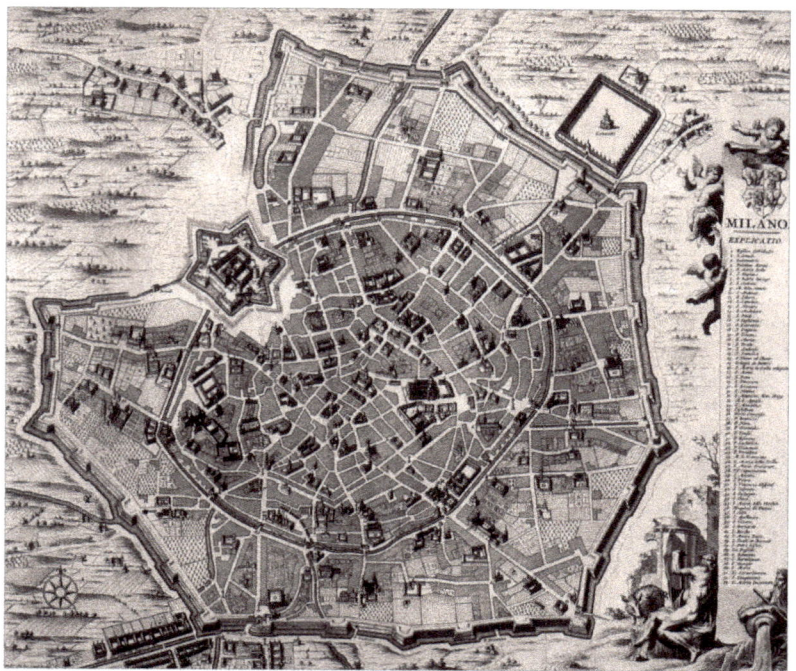

gli infidi i mercenari elvetici che tornavano a casa. Fu l'ultima delle sue sfortunate iniziative; riconosciuto, fu immediatamente arrestato e condotto prigioniero nella torre di Loches, nella valle della Loira, dove avrebbe trascorso il resto della vita fino alla morte, sopraggiunta otto anni dopo.

# IL RITORNO DEGLI SFORZA

Il 1508 non era destinato ad essere ricordato solamente per la morte di Ludovico il Moro; durante gli anni della sua prigionia l'Italia sarebbe rimasta l'arena principale dello scontro tra le maggiori potenze europee. Al centro, come sempre, le secolari rivendicazioni dinastiche della Francia sopra i due terzi della penisola. Nonostante la perdita di Napoli per mano degli Spagnoli nel 1503, i "Galli" continuavano a detenere il controllo del Piemonte e della Lombardia, Firenze rimaneva loro fedele alleata, mentre Genova veniva presa d'assalto il 27 aprile 1507 dopo due giorni di eroica resistenza.

Il re Luigi XII era tuttavia deciso a ricostruire per intero il territorio dell'antico ducato di Milano; Bergamo, Brescia e Crema mancavano ancora all'appello, da mezzo secolo facevano infatti parte dello *Stado da terra* veneziano, cui di recente si erano aggiunte Cremona e Treviglio. Ma il sovrano del regno più potente e prestigioso dell'intera cristianità non poteva macchiarsi di aperto tradimento verso i propri alleati; erano stati proprio i Veneziani ad aiutarlo a conquistare Milano otto anni prima. Sennonché la Francia non era la sola ad aspirare ai possedimenti italiani di Venezia. La Romagna era divenuta il pomo della discordia con il papato e l'imperatore Massimiliano rivendicava la sovranità su Veneto, Trentino e Friuli.

Dopo il rifiuto opposto al pontefice Giulio II a proposito della restituzione dei territori romagnoli dal senato veneziano, il papa si fece promotore segreto di una lega antiveneziana tra l'imperatore e il re di Francia, firmata a Cambrai il 10 dicembre 1508. L'anno dopo Venezia, sconfitta dai Francesi ad Agnadello, fu costretta a rinunciare alla Lombardia orientale e all'espansione sulla terraferma, ma ciò nondimeno riuscì a salvarsi dalla distruzione completa respingendo brillantemente Massimiliano e il suo esercito all'assedio di Padova, divenuto il simbolo della resistenza italiana ai "barbari" invasori d'oltralpe. I Francesi, ottenuto finalmente il controllo totale del ducato di Milano, minacciavano ora di estendere il loro potere sull'intera val Padana, oltre a manifestare

► **Il Duca di Milano Massimiliano Sforza (1493-1530).** Qui ritratta a cavallo in un'antica miniatura dell'epoca. Dal *Liber Iesus*, XV d.C. Conservato presso la Biblioteca Trivulziana a Milano.

*The Duke of Milan Maximilian Sforza (1493-1530). Seen here in an old miniature era. From the Liber Iesus, XV A.D. Preserved at the Trivulziana Library in Milan.*

◄ **La città di Milano** come doveva apparire nei primi del 500. Stampa coeva.

*The city of Milan from a XVI century engraving.*

◄ **La gendarmeria francese** in un illustrazione da un manoscritto di Jean Marot che narra la presa di Genova nel 1507.

*The French gendarmerie from an illustration of Jean Marot's manuscript showing the capture of Genoa in 1507.*

► **Lanzichenecchi** che ricaricano un paio di grossi cannoni o colubrine. Le grandi dimensioni di questi pezzi li rendevano poco adatti all'utilizzo sul campo di battaglia, confinandoli all'impiego durante gli assedi di città e fortezze.

*Landsknechts recharging two big cannons or culverins. The size of these cumbersome pieces made them very unsuitable on an open battlefield, limiting their use to the sieges of towns and fortresses.*

l'intenzione di voler deporre Giulio II per eleggere un nuovo papa filo-francese. Una Francia padrona del nord Italia sarebbe divenuta la signora incontrastata d'Europa, e quest'eventualità non poteva essere accettata da nessuno. Il pontefice aveva riavuto la sua Romagna e non aveva più alcun motivo di appoggiare Luigi XII. Firmata la pace con la Serenissima, Giulio II promosse nel 1511 la creazione della Lega Santa, un'alleanza contro lo strapotere francese che raggruppava la Spagna, la Chiesa, Venezia e l'Inghilterra; le operazioni si sarebbero inizialmente svolte contro Mantova e Ferrara, alleate dei Francesi, che per la loro posizione strategica a guardia dei ponti sul Po bloccavano il ricongiungimento dell'esercito ispano-pontificio con quello veneziano.

Luigi XII inviò in Italia il suo migliore capitano, il 22enne duca di Nemours Gaston de Foix alla testa di quasi 30.000 uomini per schiacciare la coalizione del papa e consolidare una volta per tutte il predominio francese in Italia. Il giovane duca decise di punire Brescia, da poco riconquistata dai Veneziani, per dare un terribile esempio e scoraggiare qualsiasi resistenza antifrancese. Le stime più modeste riportavano che, al termine dell'orrendo saccheggio, più di 6.000 cadaveri giacevano sulle strade della sventurata città!

Lasciatosi alle spalle le rovine di Brescia Gaston de Foix si diresse in Romagna per il confronto decisivo con l'esercito della Lega; già sicuro della vittoria, il generalissimo francese pianificava di calare su Roma per deporre il papa e sostituirlo col cardinale di Rouen, per poi coronare la sua audace campagna con l'espulsione da Napoli degli Spagnoli.

Lo scontro col nemico avvenne nei pressi di Ravenna l'11 aprile 1512, in quella che sarebbe divenuta la più sanguinosa battaglia dell'epoca; alla fine la superiorità francese in uomini e cannoni ebbe la meglio sugli Ispano-Pontifici, ma proprio quando la battaglia entrava nella sua fase conclusiva il giovane Gaston de Foix cadde improvvisamente colpito a morte. L'esercito francese, sebbene vincitore, aveva perso il suo audace comandante e si dimostrava incapace di proseguire la marcia verso sud con decisione. Il papa Giulio II, approfittando della momentanea confusione degli alti comandi francesi, si preparò a sfoderare tutta la sua abilità diplomatica per scongiurare un'invasione in profondità dello stato della Chiesa.

Già da qualche anno gli Svizzeri, tradizionali alleati nonché principali fornitori di soldati del re di Francia, avevano cominciato a manifestare una certa insofferenza verso le direttive militari di Luigi XII. I francesi a loro volta mal tolleravano l'arroganza dei mercenari elvetici, sempre più recalcitranti a farsi impegnare in lunghe campagne lontano da casa. Già il re era stato costretto alla cessione di Lugano e del Canton Ticino alla Confederazione Elvetica, mentre Bellinzona era stata occupata militarmente dai mercenari di ritorno dalla conquista del Milanese. La rottura, ormai inevitabile, si verificò nel 1510, quando Luigi XII rifiutò di aumentare il contributo annuale ai Grigioni spingendo la Confederazione ad entrare nella Lega Santa.

Giulio II promise al suo principale alleato in terra Svizzera, Matthäus Schinner vescovo di Sion nel Vallese, la nomina cardinalizia in cambio della calata dell'esercito confederato in Lombardia, così da prendere alle spalle l'esercito francese e costringerlo ad una precipitosa ritirata in difesa di Milano. Il pontefice aveva staccato dalla Francia i suoi più preziosi alleati degli ultimi cinquant'anni, e, con le nuove forze a disposizione, poteva ora dedicarsi all'agognata liberazione dell'Italia dal giogo francese. Il piano ebbe successo. Le scarse forze francesi rimaste a presidiare la Lombardia si ritirarono di fronte ai 17.000 uomini guidati dallo Schinner, abbandonando al nemico anche il Piemonte con la piazzaforte di Asti, tradizionale punto di raccolta degli eserciti francesi in procinto di invadere la penisola. Il 29 dicembre 1512 Massimiliano Sforza, figlio maggiore di Ludovico il Moro, entrava a Milano seduto sulle spalle dei soldati svizzeri che gli restituivano la signoria paterna offrendogli le chiavi della città.

Ma Luigi XII non era affatto disposto a farsi sottrarre il ricco ducato di Milano senza combattere. In

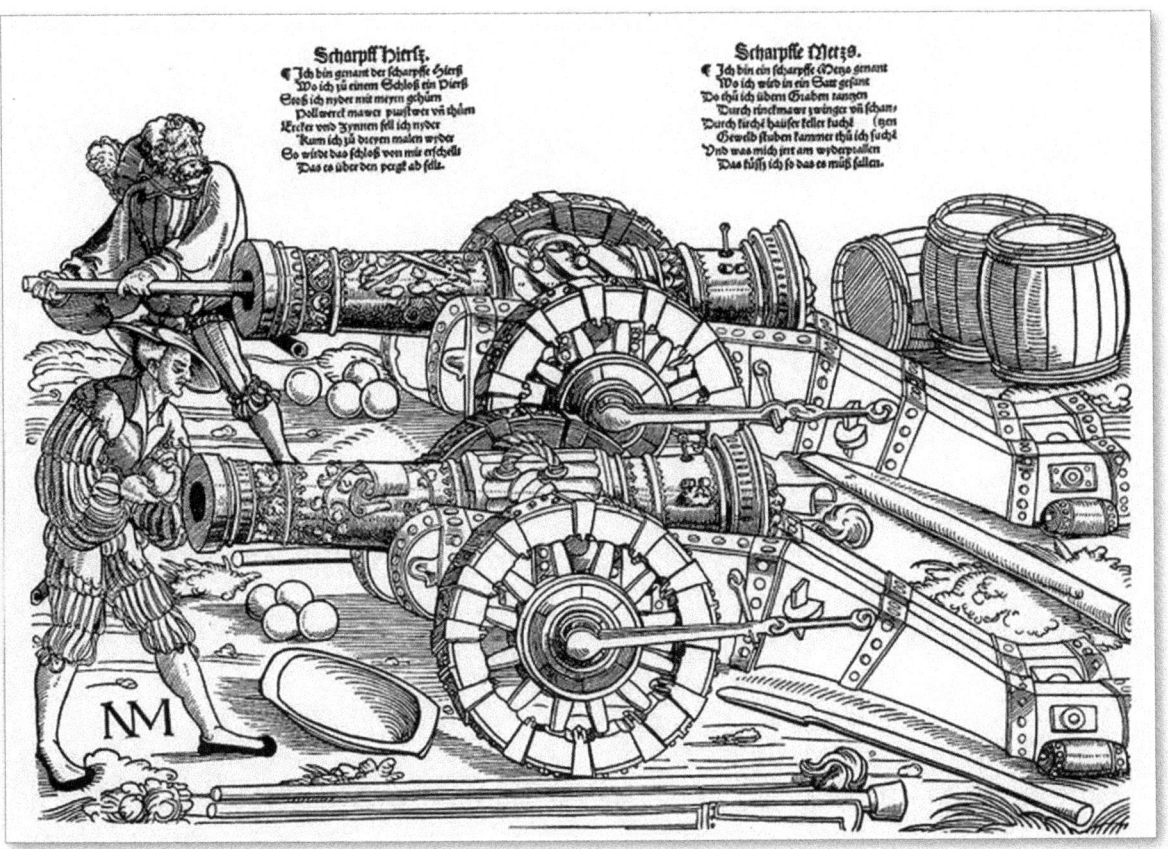

aprile era già pronto a Lione un corpo di spedizione di 14.500 fanti e 7.500 cavalieri al comando del maresciallo Trivulzio e di monsieur Louis de La Trémouille, i conquistatori di Milano tredici anni prima; Venezia, uscita dalla Lega Santa dopo il rifiuto di cedere all'imperatore le principali città del Veneto, era di nuovo alleata della Francia e pronta a sostenerla nella riconquista della Lombardia.

Per ovviare alla mancanza delle temibili fanterie elvetiche a supporto della loro cavalleria pesante, i capitani francesi si erano risolti ad arruolare un corpo di 7.500 fanti tedeschi, che venivano chiamati lanzichenecchi e imitavano l'armamento e le tattiche di combattimento degli Svizzeri. Questi soldati erano stati addestrati per la prima volta negli anni '80 del XV secolo da Massimiliano d'Asburgo, bisognoso di crearsi una valida fanteria da opporre a quella della Confederazione Elvetica, tradizionale nemica della casa d'Asburgo. Nei piani del futuro imperatore i lanzichenecchi sarebbero dovuti diventare una fanteria d'élite, al servizio esclusivo della nazione germanica, ma, nonostante l'espresso divieto sancito da un decreto imperiale, questi fanti avevano ben presto preso l'abitudine di arruolarsi sotto qualsiasi bandiera. L'importante era dargli denaro a sufficienza e l'autorizzazione al saccheggio di città e campagne.

Con i cugini elvetici era nata un'accesa rivalità fin dai tempi della Guerra Sveva (1499); tanto che quando Svizzeri e lanzichenecchi si trovavano di fronte sul campo di battaglia la regola era di non fare prigionieri. Gli Svizzeri erano stati gli inventori della nuova tattica, erano più famosi e meglio pagati, tutti fattori che avevano scatenato nei Tedeschi un odio feroce verso coloro che consideravano ad un tempo maestri e rivali.

All'arrivo dell'esercito francese Massimiliano Sforza, a corto di uomini (la maggior parte dei mercenari svizzeri era rientrata in patria), decise di trincerarsi a Novara con 6.000 Svizzeri, in attesa di altri 8.000 fanti promessigli dall'assemblea confederale di Berna. Intanto, i comandanti francesi, giunti

▲ Una grande colubrina risalente al regno di Francesco I. Da notare che sulla metà frontale dell'arma sono scolpiti i gigli di Francia. *A great culverin dating to the reign of Francis I. Half of the gun is decorated with the fleur de lys, symbol of the French crown.*

◄ **Battaglia di Novara, 6 giugno 1513**. Le truppe svizzere, dopo aver messo in fuga la cavalleria francese, circondano e distruggono un quadrato di lanzichenecchi. La prima parte del piano prevedeva la cattura dei cannoni francesi da puntare contro il nemico; a Marignano gli Svizzeri tentarono senza successo di ripetere la stessa tattica. Novara fu l'ultima delle grandi vittorie svizzere.

*Battle of Novara, 6 June 1513. The Swiss troops, after the flee of the French cavalry, enveloped and destroyed a landsknecht square. The first part of their plan foresaw the capture of the French guns and its use against the enemy; the Swiss managed without success to repeat the same tactic at Marignano. Novara was the last great Swiss victory.*

con l'esercito ad Alessandria il 12 maggio, discutevano sul da farsi: il Trivulzio voleva calare al più presto su Milano e da lì ricongiungersi coi Veneziani, già a Lodi; il La Trémouille era invece deciso ad annientare la guarnigione di Novara, entrambi ignari dell'imminente arrivo dei rinforzi bernesi. Alla fine prevalse il parere del La Trémouille, e l'armata francese si mise in marcia il 31 del mese, raggiungendo Novara il 3 giugno.

Le cannonate e i ripetuti attacchi francesi ai bastioni di Novara non ebbero successo, mentre il 5 giugno giunse la notizia che gli 8.000 Svizzeri di rinforzo erano a soli 20 km dalla città. Per evitare di essere preso tra due fuochi, il La Trémouille ordinò in tutta fretta il ripiegamento verso Milano, che, secondo alcune voci, era scontenta di Massimiliano Sforza e pronta a riaccogliere i Francesi. Da lì sarebbe stato anche più facile raggiungere gli alleati veneziani e proseguire la lotta a forze riunite. Ma le truppe erano stanche e si muovevano con lentezza, la ritirata era iniziata solo nel tardo pomeriggio e la sera non erano che ad appena 4 km da Novara, presso una cascina conosciuta come l'Ariotta. Erano in tutto 12.000 fanti, 700 lance, 500 cavalli leggeri e 25 cannoni.

Nel frattempo a Novara erano giunti 3.000 uomini di rinforzo e, i più, volevano attendere l'arrivo dei rimanenti 5.000 prima di muovere incontro ai Francesi. Ma il capitano Jacob Mutt di Uri, radunati i suoi compatrioti sulla piazza della città, infiammò gli animi con un vibrante discorso in favore dell'immediata mobilitazione: *"Niente meno aspettano i Franzesi, al presente, che'l nostro assalto: alloggiati pure oggi, non possono essere alloggiati se non disordinatamente e senza fortezza alcuna. Solevano gli eserciti franzesi non avere ardire di combattere se non aveano appresso i fanti nostri; hanno, da qualche anno in qua, avuto ardire di combattere senza noi ma mai contro a noi: quanto spavento, quanto terrore, quando si vedranno furiosamente e improvvisamente assaltati da coloro la virtù e ferocia de'quali soleva essere il cuore e la sicurtà loro! (...) Hanno seco ora i fanti tedeschi, e questo è quello che mi muove, che mi accende: avendo in un tempo medesimo occasione di dimostrare a colui che, con tanta avarizia con tanta ingratitudine, dispregiò le nostre fatiche il nostro sangue, che mai fece, né per sé né per il regno suo, peggiore deliberazione; e dimostrare a coloro che pensorno l'opera loro essere sufficiente a privarci del nostro pane, non essere pari i lanzichenech a'Svizzeri, avere la medesima lingua la medesima ordinanza, ma non già la medesima virtù la medesima ferocia. Una sola fatica è, di occupare l'artiglierie, ma l'alleggerirà non essere poste in luogo fortificato, l'assaltarle all'improvviso, le tenebre della* notte. *Assaltandole impetuosamente, è piccolissimo spazio di tempo quello nel quale possono offenderti; e questo, interrotto dal tumulto dal disordine dalla subita confusione. L'altre cose sono somma facilità; non ardiranno i cavalli venire a urtare le nostre picche; molto meno, quella turba vile de'fanti franzesi e guasconi verranno a mescolarsi con noi*"(Francesco Guicciardini, Storia d'Italia, Libro XI, Capitolo XII). Ecco quindi l'ardito piano degli Svizzeri: sorprendere i Francesi nel sonno, catturargli le artiglierie e rivolgergliele contro. La sorte avrebbe dato ragione a quel coraggioso capitano. L'attacco, sferrato un'ora prima dell'alba del 6 giugno 1513, trovò quasi completamente impreparati i Francesi, che non avevano eretto neanche il campo fortificato per prevenire gli attacchi di sorpresa. Ciò nonostante alcune sentinelle riuscirono ad avvisare in tempo i loro comandanti, e l'esercito venne schierato in tutta fretta. A sinistra i cannoni con dietro il quadrato di 6.000 lanzichenecchi; al centro 5.000 fanti leggeri guasconi e alla destra la cavalleria al comando del La Trémouille. Contro i Tedeschi gli Svizzeri lanciarono il loro quadrato più grosso, anch'esso composto di 6.000 picchieri; contro la cavalleria e i Guasconi mosse uno più piccolo di soli 1.000 uomini; mentre il terzo quadrato, forte di altri 2.000 uomini, aveva il compito di prendere i lanzichenecchi alle spalle. La manovra riuscì con pieno successo.

La cavalleria francese, voltasi inspiegabilmente in fuga insieme ai Guasconi, abbandonò i lanzichenecchi al loro destino. Questi, già impegnati dai 2.000 uomini del quadrato svizzero di retroguardia, vennero prima falciati dalle artiglierie che i 6.000 Svizzeri del corpo principale avevano catturato e puntato contro di loro, e poi stritolati dall'azione congiunta di tutti e tre i quadrati nemici. La battaglia era durata cinque ore, alla fine giacevano sul campo 11.500 uomini, 10.000 dei quali avevano combattuto in nome del re di Francia. Il capitano Mutt, ideatore della tattica vincente, era tra i caduti elvetici. La sconfitta francese fu un disastro e una vergogna allo stesso tempo; solo i "nobili" cavalieri avevano fatto in tempo a mettersi in salvo fuggendo ignominiosamente in groppa ai loro destrieri. I fanti tedeschi furono sterminati sul posto, e i Guasconi mentre fuggivano per i campi. La Lombardia era definitivamente perduta e con essa tutte le conquiste di quasi vent'anni di guerre in Italia.

Per uno strano scherzo del destino la stessa città che 13 anni prima aveva visto la fine della signoria sforzesca per il tradimento dei mercenari svizzeri, era ora testimone della sua restaurazione per opera degli stessi combattenti; Massimiliano Sforza, primogenito di Ludovico il Moro, era tornato in possesso del ducato di famiglia.

# VERSO LO SCONTRO DECISIVO

La strepitosa vittoria di Novara rappresentò il punto di maggior espansione nella storia della Confederazione Elvetica; mai più i cantoni avrebbero riportato un trionfo di tali proporzioni contro un esercito straniero. Con il ritiro francese dal Piemonte la Svizzera poteva ora estendere il suo controllo sull'intera Val padana ad eccezione dei territori orientali in mano a Venezia; il giovane duca di Milano non era altro che un fantoccio nelle mani dei mercenari elvetici, che da lui ricevevano centinaia di migliaia di ducati come sussidio annuale. Anche l'imperatore Massimiliano, il vecchio nemico d'un tempo, invocava l'intervento confederato per invadere la Borgogna e strapparla ai Francesi. Questi, che dopo Novara non avevano fatto altro che collezionare sconfitte ad opera delle forze della Lega Santa, erano stati inseguiti dai battaglioni svizzeri fin sotto le mura di Digione, dove il La Trémouille si era barricato con gli ultimi avanzi dell'esercito sconfitto, 5.000 uomini appena. Era solo questione di tempo perché l'esigua guarnigione francese soccombesse all'attacco dei 30.000 fanti svizzeri appoggiati dalla cavalleria e dall'artiglieria imperiale. Poi, una volta caduta la capitale della Borgogna, non ci sarebbe stata più alcuna armata in grado impedire all'imperatore di calare su Parigi completamente indifesa; gli Inglesi del resto avevano già invaso le Fiandre e sconfitto il fiore della cavalleria francese sotto le mura di Therouanne. Il regno di Francia rischiava di scomparire dalle carte rimpiazzato da una serie di provincie tedesche, svizzere, inglesi e spagnole; la situazione non era così grave dai tempi della guerra dei Cent'anni.

Solo l'astuzia del generale La Trémouille scongiurò l'avverarsi di uno scenario dato ormai per certo dalla maggior parte degli osservatori contemporanei. Il 7 settembre 1513 il Francese convinse i capitani elvetici alla firma di un trattato, in cui si prometteva la rinuncia da parte del re di Francia alle rivendicazioni su Milano, Genova ed Asti (vale a dire tutta la Val padana dall'Adda alla Savoia, la totalità dei possedimenti francesi in Italia), e il versamento di 400.000 ducati ai cantoni come indennità di guerra. Fidandosi della sola parola d'onore del La Trémouille gli Svizzeri accettarono levando subito l'assedio per tornarsene a casa, non sfiorandogli nemmeno il pensiero che senza la firma del re il trattato di Digione sarebbe rimasto

▶ **Lanzichenecco con la moglie al seguito.**
A differenza degli Svizzeri, i lanzichenecchi erano noti per l'abitudine di portarsi dietro le mogli (o le concubine) e i figli; esisteva addirittura un sergente addetto alle donne, il Dirnen- o Hurenweibel.

*A landsknecht followed by his wife. In contrast to the Swiss, the landsknechts where famous for the habit to carry around their wives (or mistresses) and children; there was even a sergeant assigned to the women, the Dirnen- or Hurenweibel.*

◀ **Alabarde, picche e partigiane della prima metà del 500.** Collezione di Jurgen H.Fricker per gentile concessione.

*Halberds, pikes and partisans of the first half of the 500. Collection of Jurgen H.Fricker courtesy.*

▲ **Armature italiane prima metà del 500.** Collezione di Jurgen H.Fricker. *Italian armours of the first half of the 500. Collection of Jurgen H.Fricker courtesy.*

► La terribile mischia tra Svizzeri e lanzichenecchi in un incisione di Hans Holbein. L'odio tra le due formazioni era tale che quando si affrontavano sul campo la regola era di non fare prigionieri. Persino quando si trovavano a combattere sotto le stesse bandiere Svizzeri e Tedeschi non andavano d'accordo, "di modo che non se ne può raccozzare in un campo sì poco, né si gran numero, che non si azzuffino." (N. Machiavelli, Rapporto delle cose della Magna).

*The terrible melee between Swiss and landsknechts from a woodcut of Hans Holbein. So great was the hate between the two units that when they met on the battlefield the rule was to take no prisoners. Even when Swiss and Germans fought for the same master they would hardly tolerate the situation, "so that you can not put together in the same field nor a large neither a small number of them, without they start punching each other."*

un semplice pezzo di carta. E infatti Luigi XII si guardò bene dal ratificare l'accordo e rinunciare così a tutti gli sforzi compiuti da quando era salito al trono; l'essenziale era che la Francia fosse salva, non importa se al prezzo dell'onore di uno dei suoi principi più rinomati.

Secondo alcuni storici a Digione i comandanti svizzeri si erano lasciati sfuggire una di quelle occasioni che capitano una volta in un secolo. Si dice che se non avessero ceduto con troppa ingenuità alle proposte di pace francesi e se avessero proseguito la campagna di conquista della Borgogna, cosa che tutti davano per scontata, sarebbero potuti diventare la prima potenza d'Europa. Parigi era senza protezione, l'intero sudest francese a portata di mano, mentre il nord sotto occupazione inglese; con l'aggiunta dei nuovi territori alle recenti conquiste di Lombardia e Piemonte, la Confederazione avrebbe triplicato la sua estensione, senza contare gli enormi benefici che ne avrebbe ricevuto in campo economico. Del resto anche i tre maggiori storici italiani dell'epoca, il Giovio, il Guicciardini e il Machiavelli non avevano alcun dubbio riguardo la potenza militare raggiunta dagli eserciti svizzeri nell'estate del 1513 e sembrano avvalorare queste ipotesi. Nei circoli intellettuali dell'Italia rinascimentale si era diffusa la convinzione, forse non a torto, che la Francia rappresentasse la prima nazione d'Europa; la totale disfatta del suo esercito a Novara per mano dei fanti elvetici, senza cavalleria né artiglieria e per di più in inferiorità numerica, aveva grandemente impressionato l'opinione pubblica. Nel giro di un anno i Francesi erano divenuti da invasori a invasi e non disponevano più di un esercito; la mossa del La Trémouille fu veramente un insperato colpo di fortuna che salvò il regno per un soffio. E' anche vero però che tutte le possibili conseguenze dell'occasione sprecata dagli Svizzeri, per quanto affascinanti esse possano apparire, sono comunque destinate a rimanere nell'ambito delle ipotesi, dei se... L'arrendevolezza delle truppe elvetiche a prima vista poté sembrare dettata dalla semplice ingenuità di gente di montagna che, paga di poter finalmente ritornare alle proprie amate valli, accettò il guadagno più sicuro e immediato. Ciò, sicuramente vero in molti singoli casi, non basta tuttavia a spiegare efficacemente il corso preso dagli eventi; sono necessarie alcune considerazioni di carattere politico che illustrino la particolare struttura della vecchia Confederazione Elvetica.

I Patti federali che nel 1291 avevano stipulato i rappresentanti dei tre paesi forestali di Uri, Schwyz e Unterwalden sancivano l'obbligo della mutua difesa in caso di attacco esterno e della procedura arbitrale per la risoluzione delle controversie sorte all'interno dei tre cantoni. Nei due secoli successivi, le vittorie riportate dai confederati di fronte ai ripetuti tentativi di conquista intrapresi da tutte le potenze feudali confinanti avevano spinto altri territori ad entrare nella Confederazione, la quale all'inizio del XVI secolo contava ormai ben tredici cantoni riuniti nella lega comune. Vennero stipulati nuovi trattati e modificati quelli originali, ma sostanzialmente l'unione dei cantoni svizzeri rimase sempre una sorta di alleanza difensiva a cui si aggiungevano una serie di facilitazioni commerciali e amministrative; non divenne mai una stabile entità politica dotata di una singola volontà e sovranità. La Dieta federale, il principale organo rappresentativo ed esecutivo della Confederazione, non si riuniva mai secondo un calendario fisso né in un luogo prestabilito. La mancanza della piena sovranità e dell'unione politica non era comunque rilevante finché i cantoni avessero mantenuto la loro alleanza a scopi puramente difensivi, come era infatti successo durante le guerre contro i duchi d'Austria e di Borgogna. Allora la Confederazione si era guadagnata il diritto all'esistenza respingendo le invasioni degli eserciti di due fra i più potenti principi d'Europa; tuttavia le acquisizioni territoriali, premi della vittoria, avevano cominciato ad alimentare la brama di terre e ricchezze anche tra la gente dei cantoni, spingendoli ad una politica sempre più aggressiva.

La cacciata dei francesi da Milano e la tentata invasione della Borgogna nel 1513 furono i primi passi intrapresi dalla Confederazione verso una politica di predominio in Europa; ma, proprio ora che sarebbe servita una revisione dei patti verso un'unione più stretta e vincolante, ecco che di colpo vennero a galla tutte le deficienze del sistema cantonale di fronte al desiderio di espansione, per il quale non si era disposti a sacrificare nemmeno una fetta dell'ampia libertà garantita ad ogni cantone in politica estera. L'immediata accettazione delle condizioni di pace francesi doveva probabilmente apparire come la scelta più ovvia per i comandanti svizzeri, i quali erano consci dei differenti interessi che muovevano i membri della Confederazione. Se i Grigioni e i tre Waldstätte (Uri, Schwyz e Unterwalden) erano i primi a voler mantenere il controllo del Ticino e della Val padana per accrescere l'influenza commerciale verso le regioni a più stretto contatto con le loro valli, lo stesso non si poteva dire della Borgogna, obiettivo invece dei cantoni più occidentali, che a loro volta mostravano scarso interesse per le conquiste italiane. Quest'incapacità nell'assumere un'unica linea offensiva era quindi il vero motivo dell'abbandono dell'impresa burgundica. Per il momento ci si sarebbe dovuti "accontentare"

del dominio su Piemonte e Lombardia; la Confederazione era pur sempre all'apice della potenza, tutte le fortezze dalle Alpi occidentali all'Adda erano saldamente in mano sua. I dubbi riguardo la condotta in politica estera non si sarebbero ripresentati che due anni più tardi, in occasione della battaglia di Marignano. Sventata l'invasione della Borgogna, il 1514 Luigi XII lo passò a leccarsi le ferite. La Francia era stata sconfitta su tutti i fronti, ma era salva. La pace trattata a Digione dal La Trémouille era la fonte delle maggiori preoccupazioni per il re di Francia, che non voleva abbandonare a nessun costo la Lombardia e allo stesso tempo temeva un nuovo attacco da parte degli Svizzeri, infuriati al pensiero che Luigi si rifiutasse di ratificare la pace. La corona francese considerava come suo di diritto il ducato di Milano, se non altro come base d'appoggio per il recupero dell'altro stato italiano che da vent'anni rientrava nelle mire della monarchia, il regno di Napoli.

Dalle Crociate in avanti i re francesi avevano cominciato a considerarsi gli antesignani della cristianità occidentale nella lotta contro gli infedeli per la riconquista dei luoghi santi nel Levante. La questione non aveva fatto che aggravarsi nel 1453, quando Costantinopoli era caduta per mano del Turco. Se quindi Milano sarebbe stato il trampolino di lancio per la riconquista di Napoli, Napoli a sua volta lo sarebbe stato per la riconquista di Costantinopoli e della Terrasanta. Era questo l'ambizioso progetto che aveva spinto la Francia a scatenare le guerre d'Italia nel 1494, trascinando nel conflitto i maggiori regni europei.

Sia la Spagna che l'Impero non potevano infatti tollerare che la monarchia francese divenisse padrona di tre quarti d'Italia e arbitra di Roma, per quanto questo avesse potuto servire alla realizzazione della più nobile fra le imprese. Tanto più che i cattolicissimi re di Spagna, liberatori della penisola iberica dai Mori, non si reputavano secondi a nessuno nella veste di campioni del Cristianesimo; l'imperatore, al di là dell'enorme significato racchiuso semplicemente dal suo titolo, rimaneva poi il signore, sia pure formale, della maggior parte dei territori italiani.

Se quindi Luigi XII avesse posto la sua firma sul trattato di Digione, la Francia sarebbe stata declassata a regno secondario, lasciando l'Italia e le avventure d'oltremare a Spagnoli e Tedeschi. Il re quindi temporeggiò, finse di voler cedere agli Svizzeri, ma senza mai compiere il passo decisivo e alla fine riuscì a concludere una pace separata con l'Inghilterra sposando Maria Tudor, sorella di Enrico VIII. Anche il papa, sempre unito a Spagna e Impero nella Lega Santa, ma preoccupato del crescente potere dei suoi alleati in Italia, mostrava di volersi riconciliare col re di Francia. Ora che gli Inglesi non minacciavano più da nord, la morsa che stringeva il regno si era spezzata e Luigi poteva di nuovo guardare con favore alla riconquista di Milano; sennonché l'eccessiva foga con cui volle adempiere ai doveri coniugali verso la sua giovanissima sposa e l'ansia di generare un erede maschio finirono per consumare troppo il vecchio re, ormai cinquantaduenne. Luigi XII, da tempo spossato e debilitato, si spense nella notte dell'ultimo dell'anno 1514. L'esercito che aveva predisposto per la nuova spedizione italiana era tuttavia già pronto.

# LA CAMPAGNA DEL NUOVO RE

A Luigi non successe nessuna delle sue due figlie sul trono; secondo la Legge Salica, antica quanto la monarchia in Francia, i maschi della famiglia reale sarebbero sempre stati preferiti a qualsiasi donna, per quanto stretta la parentela col sovrano defunto fosse stata. Fu così che la corona andò all'avventuroso e cavalleresco Francesco d'Angoulême, appartenente ad un ramo collaterale dei Valois e sposo di Claudia, una delle figlie di Luigi XII.

Per mettere subito in chiaro alla corte quello che sarebbe stato il programma per l'anno appena cominciato, il ventenne Francesco, in occasione dell'incoronazione ufficiale, avvenuta il 25 gennaio 1515, si dichiarò duca di Milano. Pieno d'ardore, "il re cavaliere" voleva inaugurare il suo regno e conquistare l'ammirazione dei suoi sudditi con una spettacolare vittoria militare contro i nemici della Francia, oltre che riprendersi quello che gli spettava di diritto in Italia. Furono riesumati i piani del compianto Luigi per l'attacco alla Lombardia, rinnovati i patti d'alleanza coi Veneziani e spediti agenti oltre il Reno a reclutare frotte di mercenari mentre i banditori già chiamavano a raccolta tutti i cavalieri del regno.

Il 12 luglio il re raggiunse il suo stato maggiore a Lione, dove si stava radunando un esercito enorme per la campagna d'Italia. Al campo si erano presentate 2.500 lance (ben 15.000 cavalli!); dalla Germania erano giunti 23.000 lanzichenecchi, tra cui la famigerata Banda Nera del duca di Gheldria; 10.000 balestrieri e archibugieri di Navarra e Guascogna; 3.000 guastatori e più di 70 cannoni con centinaia di altri pezzi più leggeri. Era l'armata più grossa che i francesi avessero mai apprestato per invadere la penisola, Francesco I era veramente deciso a compiere un'impresa memorabile.

► **Ritratto di Francesco I nel 1515**. L'anonimo ritrattista ci mostra il re di Francia appena ventunenne, l'età in cui combatté la battaglia di Marignano.
*Portrait of Francis I in 1515. The anonymous painter shows us the king of France when he was just twenty-one, the age at which he fought the battle of Marignano.*

◄ **Battaglia di Ravenna, 1512**. Incisione di un artista anonimo. In primo piano il duello tra la fanteria spagnola e i lanzichenecchi, sullo sfondo la carica degli uomini d'arme ispano pontifici contro la gendarmeria francese. La battaglia di Ravenna fu la prima a vedere l'impiego in massa della moderna artiglieria sul campo di battaglia; Ravenna e Marignano furono le più grandi vittorie francesi nelle guerre d'Italia

*Battle of Ravenna, 1512. Woodcut from an unknown artist. In the foreground is depicted the duel between the Spanish infantry and the landsknechts, on the background the charge of the Spanish and Papal men at arms against the French gendarmerie. Ravenna was the first battle to see the mass use of the modern artillery on the battlefield; together with Marignano this battle would be the greatest French victory in the Italian Wars.*

Nell'epico scontro che andava preannunciandosi, la Francia avrebbe di nuovo affrontato le forze della Lega Santa, solo che questa volta mancava l'Inghilterra e il nuovo papa sembrava incerto su quale partito prendere; formalmente rimaneva membro della Lega, ma Leone X non possedeva la tempra del suo predecessore. Leone era membro della famiglia de'Medici e per rientrare in possesso della signoria di Firenze, che i suoi parenti avevano perduto vent'anni prima, aveva bisogno dell'aiuto del re di Francia, tradizionale protettore della città. Il pontefice cercava quindi l'amicizia di Francesco senza però rompere l'alleanza con gli altri membri della Lega, l'imperatore Massimiliano, il re di Spagna Ferdinando e gli Svizzeri al soldo del duca di Milano Massimiliano Sforza.

Francesco I non temeva i suoi avversari; il suo carattere e la giovane età non lo avrebbero permesso. Del resto aveva a consigliarlo i migliori generali di Francia e l'esercito veneziano al comando di Bartolomeo d'Alviano, uno dei più celebri condottieri italiani, come alleati. Da Lione comandò al duca di Borbone, gran conestabile di Francia, che l'avanguardia della sua formidabile armata si mettesse subito in cammino per il valico delle Alpi.

Il cardinale Schinner, la grande mente che si celava dietro l'insignificante duca di Milano e aveva il comando effettivo dei mercenari elvetici, aveva previsto la mossa dei Francesi e si era affrettato a bloccare il passo del Moncenisio e del Monginevro, gli unici valichi alpini attraverso cui sarebbe potuto passare un esercito di quelle dimensioni. Il cardinale aveva posto il suo quartier generale a Pinerolo, con altri distaccamenti a presidio di Susa e Saluzzo a guardia dei rispettivi passi.

Con il blocco svizzero di tutti i passaggi per la discesa in Piemonte, la grandiosa marcia dell'esercito francese sembrava essersi arrestata ancor prima di cominciare, se non fosse intervenuto ancora una volta

▶ **Papa Leone X 1475-1521**. Giovanni Lorenzo de' Medici nel famoso dipinto di Raffaello.

*Pope Leo X from a painting of Raffaello.*

▶ **Gli eserciti alla battaglia di Ravenna**. Incisione del maestro NA. DAT risalente al 1530. In primo piano la gendarmeria francese (a sinistra) e la cavalleria pesante pontificia (destra). In basso a sinistra compare uno dei cannoni che contribuirono alla vittoria francese; si noti che l'artiglieria aveva già assunto la tipica forma che mantenne fino al XIX secolo.

*The opposing armies at the battle of Ravenna. Engraving of the NA. DAT master dating c. 1530. In the foreground the French gendarmerie (left) and the Papal heavy cavalry (right). Below left figures one of the cannons which significantly contributed to the French victory; note that the artillery had already adopted the typical form which maintained till the XIX century.*

il consiglio del vecchio maresciallo Trivulzio a sbloccare l'impasse. Mai rassegnatosi dopo la sconfitta di Novara, il condottiero lombardo aveva da tempo studiato la possibilità di guidare un esercito al valico delle Alpi attraverso passaggi sconosciuti, ed ora che si presentava l'occasione di mettere in pratica i risultati delle sue ricerche non si fece trovare impreparato. Insieme a Pedro Navarro, comandante del genio e dell'artiglieria, e al visconte di Lautrec guidò le truppe per sentieri noti solamente ad una manciata di pastori di montagna. Fu un'impresa degna di quella compiuta da Annibale coi suoi elefanti 1.700 anni prima. Dietro i guastatori che si sforzavano di aprire e allargare il più possibile le strade da percorrere venivano i cavalieri che, scesi da cavallo in armatura completa, procedevano in fila indiana cercando di non scivolare nei burroni che si spalancavano da ogni parte; con indosso tutto quel ferro a 2.000 m respirare doveva essere veramente una fatica degna di Ercole! I soldati dovevano preoccuparsi anche del trasporto di alcuni pezzi d'artiglieria che si erano portati dietro. Nonostante fossero dei più piccoli, non era possibile infatti trainarli interi e si doveva smontarli e passarli avanti con dei sistemi di carrucole costruiti apposta sul luogo.

La colonna si era così avventurata per la prima volta su quello che sarebbe divenuto noto come il Colle dell'Argentera, scendendo finalmente a valle dopo un paio di giorni (il valico era cominciato intorno al 10 agosto) seguendo il corso dello Stura di Demonte, un ruscello che scorreva in direzione di Cuneo. Gli Svizzeri, un po' perché convinti di guardare tutti i passi che portavano in Piemonte e un po' perché ingannati dallo stesso conestabile che aveva mandato le artiglierie più grosse insieme ad altri armati sul Moncenisio e il Monginevro per distrarli, non sospettarono nulla finché i Francesi non compirono l'ennesima prodezza.

La cavalleria che Massimiliano Sforza aveva messo a disposizione dei mercenari svizzeri, soldati eccellenti sì, ma sempre e solo di fanteria, era acquartierata a Villafranca, pochi km a sud est di Pinerolo, al comando del capitano Prospero Colonna, un altro famoso soldato italiano. I Francesi, senza neanche riprendere fiato dopo la terribile ascensione, decisero di sorprendere la cavalleria ducale con un colpo di mano. Messa in piedi una squadra di un migliaio di cavalieri scelti fra cui il La Palice, l'Aubigny,

◄ L'artiglieria francese va a posizionarsi alla battaglia di Marignano

*The French artillery take position on the battlefield of Marignano.*

► **Ludovico il Moro**, travestito da mercenario svizzero, è smascherato e consegnato ai Francesi, 9 aprile 1500. Illustrazione da un manoscritto coevo.

*Ludovico il Moro, duke of Milan, dressed like a Swiss mercenary, is unmasked and handed to the French, 9 April 1500. Picture from a contemporary manuscript.*

l'Humbercourt, il Sancerre e il famoso Baiardo, essi piobarono di sorpresa sugli alloggiamenti nemici il giorno di ferragosto, proprio mentre il Colonna si sedeva a tavola per fare colazione, facendo prigionieri 500 tra uomini d'arme e cavalleggeri.

A questo punto gli Svizzeri, accortisi di essere stati giocati e volendo evitare di farsi prendere di lato, decisero per il ripiegamento totale verso Novara permettendo così anche al resto dell'esercito francese di scendere in pianura per i consueti valichi e ricongiungersi con l'avanguardia del conestabile.

La sorpresa di Villafranca aveva gettato l'esercito confederato nel caos. Gli ufficiali non riuscivano a mettersi d'accordo sulla condotta della campagna, le rivalità cantonali impedivano un coordinamento efficace tra i vari reparti e, come se non bastasse, le paghe promesse dal duca di Milano e dal papa erano spaventosamente in ritardo. Soprattutto la divergenza d'opinioni sul comportamento da tenere nei confronti dei nemici francesi aveva di nuovo paralizzato i capitani svizzeri esattamente come era successo due anni prima sotto le mura di Digione.

Gli unici veramente decisi a difendere con le armi in pugno la Lombardia erano infatti i cantoni cosiddetti "gottardisti", cioè i tre Waldstätte e i Grigioni, mentre i cantoni occidentali capeggiati da

Berna già mostravano i primi segni di cedimento e la volontà di addivenire ad un accordo con Francesco I.

Emblematica a questo riguardo fu proprio la ritirata che l'esercito svizzero alla fine decise di compiere diviso in due tronconi e senza ancora sapere se per difendere Milano o per tornare definitivamente in patria. I confederati, incolleriti per non aver ricevuto il soldo, si risolsero persino al saccheggio di Vercelli e Chivasso sulla via del ritorno.

Francesco I aveva intanto raggiunto il suo esercito verso la fine di agosto e si preparava a passare per Torino dove voleva far visita al duca di Savoia suo alleato. Il re di Francia, che era ben informato del malcontento che serpeggiava tra le file elvetiche e allo stesso tempo preferiva evitare uno scontro armato con quei temibili avversari, avviò subito delle trattative di pace con i delegati svizzeri a Vercelli.

Aveva istruito i suoi rappresentati

di fare qualsiasi concessione ai cantoni pur di rientrare in possesso del Milanese senza spargimento di sangue. L'8 settembre a Gallarate, dove erano riprese le trattative, si giunse finalmente ad un accordo. In cambio dell'abbandono della Lombardia, incluso il Ticino con Locarno, Lugano e Domodossola, gli Svizzeri avrebbero ricevuto dal re un'indennità di 600.000 scudi più altri 400.000 dovuti in forza degli accordi di Digione. Massimiliano Sforza si sarebbe ritirato in Francia dove sarebbe stato investito del ducato di Nemours, avrebbe ricevuto la condotta di 50 lance, uno stipendio annuale e la mano di una principessa di sangue reale. Sembrava quindi che la diplomazia francese avesse vinto la guerra prima ancora di cominciarla e gli Svizzeri fossero caduti ancora una volta di fronte al dilemma della politica espansionistica; ecco come due dei loro storici commentarono la faccenda:

*Con questa pace l'esercito confederato rinunciava per vile moneta a quegli interessi italiani, per i quali tanto sangue svizzero era stato versato. Come se ciò non bastasse, esso trafficava anche i territori che stavano già nel possesso definitivo della Confederazione e che, per la loro posizione avanzata verso il sud, avevano un valore strategico impareggiabile; senza neppure riflettere che in tal modo metteva a repentaglio anche il più antico possedimento fra detti territori meridionali e la catena delle Alpi. (Siegfried Frey, Le guerre milanesi)*

Ancora più esplicito Hans Rudolf Kurz: *Con questo contratto i rappresentanti confederali avrebbero venduto contro argento sia il loro impegno di difendere il duca di Milano, per il quale già molto sangue era stato versato in Italia, nonché i loro stessi possedimenti sud ticinesi. Già da questo si rivela evidente la loro incapacità di condurre, fuori dai propri confini, una vera politica di forza.*

▲ Tamburo e stendardo dei lanzichenecchi imperiali, questa e le tavole a pag. 32 e 33 sono opera di Braun & Schneider.
*Drum and banner of the imperial lansquenets, this and the tables on p. 32 and 33 are the work of Braun & Schneider.*

▶ Gli svizzeri si accampano nei dintorni di Melegnano. Tela di Anker Kappeler del 1869
*The Swiss camp in the surroundings of Melegnano. Paint by Anker Kappeler 1869*

Il re convinto di essersi già preso Milano, vi mandò il maresciallo Trivulzio con un drappello di cavalieri per annunciare agli abitanti il suo arrivo. Ma i Francesi ebbero una brutta sorpresa quando furono ricacciati indietro dalla folla alla porta Ticinese. Alcuni cittadini avevano più tardi fatto sapere a Francesco che la città, che pure l'avrebbe voluto, non poteva dichiararsi per la Francia finché avesse avuto il presidio svizzero fra le mura pronto a fare rappresaglia; pregavano quindi il re di ritardare la sua venuta e aspettare che tutti i soldati avessero preso la via del ritorno.

Il re comprese e il 10 settembre portò il suo esercito a Marignano, l'antica Melegnano, sulla via Emilia che collega Lodi a Milano. La scelta del luogo dove accamparsi era dovuta ad un doppio vantaggio: così facendo Francesco accorciava le distanze coi suoi alleati veneziani che si trovavano proprio a Lodi e, allo stesso tempo, bloccava il ricongiungimento degli Svizzeri coi loro alleati ispano-pontifici che si trovavano oltre il Po a Piacenza. Proprio la sera del 10, Bartolomeo d'Alviano, comandante dell'esercito veneziano (700 uomini d'arme, 1.000 cavalleggeri e 8.000 fanti) era ricevuto dal re e prometteva di ritornare al più presto con tutto l'esercito per sostenerlo in caso di attacco nemico.

Francesco I aveva posto il suo quartier generale nella cascina di Santa Brera, a fianco del Lambro, mentre le avanguardie del conestabile di Borbone si trovavano un paio di km più avanti, tra Zivido e San Giuliano.

Lo stesso giorno in cui i Francesi si accampavano nei campi a nord di Melegnano, tutti i reparti svizzeri si riunivano entro Milano. La pace abbozzata a Gallarate aveva di nuovo causato scompiglio tra i confederati, i quali erano rimasti divisi tra quelli che volevano accettarla e chi invece era pronto a scendere in campo; l'arrivo di un contingente di rinforzo comandato dal sindaco di Zurigo, nonché celebre capitano, Marx Röist non aveva certo contribuito ad aumentare le speranze dei pacifisti.

Il cardinale Schinner, deciso a non abbandonare la Lombardia agli odiati Francesi, fece di tutto per trattenere le truppe e spingerle all'attacco, ma Albert von Stein, capitano dei Bernesi, si disse pienamente soddisfatto degli accordi presi col re di Francia e contrario al combattimento. Se ne tornò

33

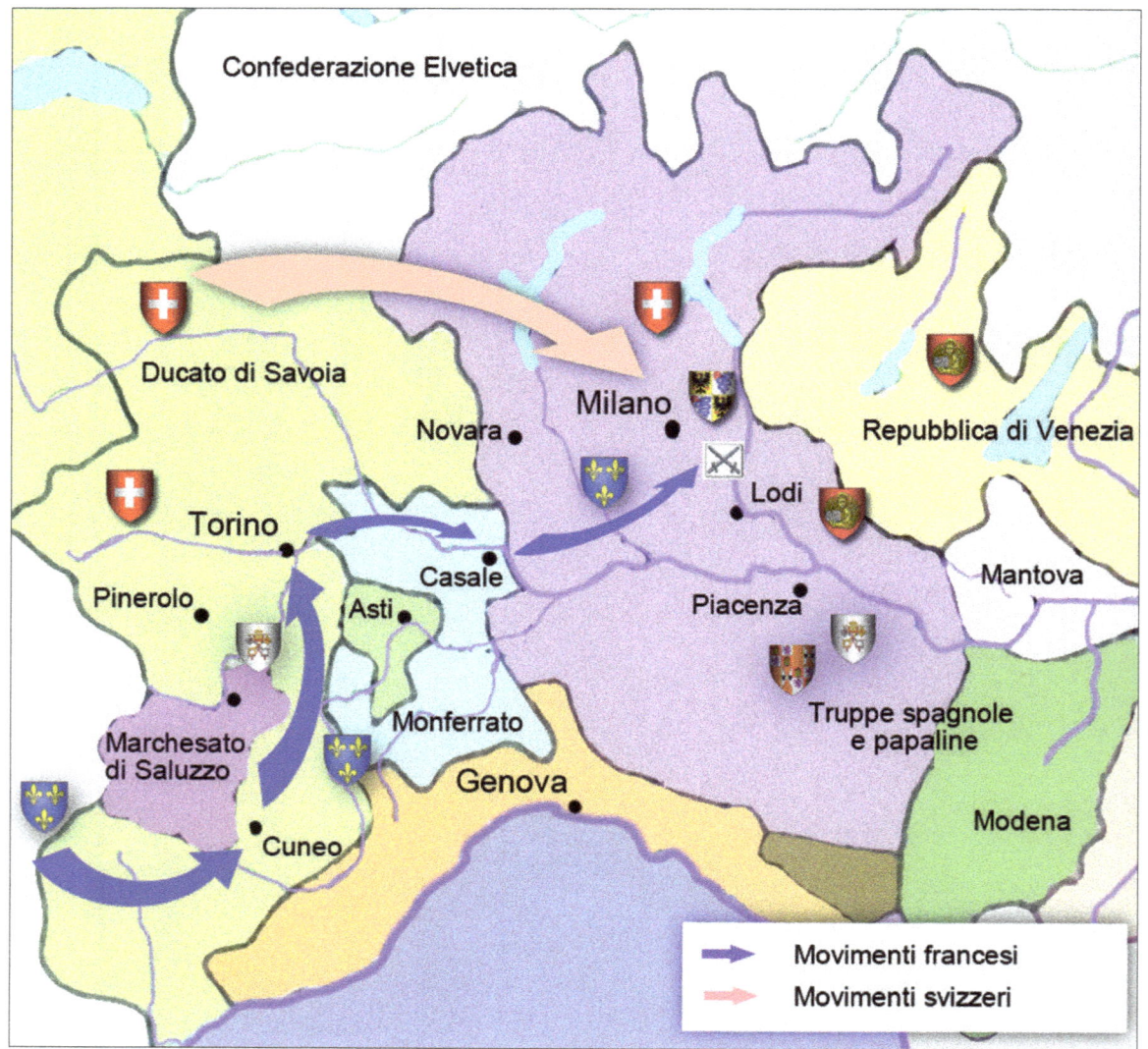

Confederazione Elvetica

Ducato di Savoia

Novara

Milano

Lodi

Repubblica di Venezia

Torino

Casale

Piacenza

Mantova

Pinerolo

Asti

Monferrato

Truppe spagnole
e papaline

Marchesato
di Saluzzo

Genova

Modena

Cuneo

→ Movimenti francesi
→ Movimenti svizzeri

quindi a casa seguito dai suoi concittadini e anche da quelli di Friburgo, Solothurn, Wall e Biel; in tutto 10.000 uomini che venivano a mancare all'esercito svizzero.

Quando anche i contingenti di Zurigo e di Zug annunciarono la mattina del 13 la loro intenzione di abbandonare l'impresa, lo Schinner decise di agire prima della loro partenza. Si accordò con un certo Arnold von Winkelried, comandante della guardia ducale, per provocare una scaramuccia con le pattuglie francesi che battevano il contado intorno alla città. Una volta ingaggiato lo scontro Winkelried avrebbe dovuto far suonare l'allarme e chiamare in aiuto gli altri confederati che si sarebbero precipitati fuori dalle porte in suo soccorso e avrebbero dato inizio alla battaglia.

Il colpo riuscì a mezzogiorno dello stesso giorno. Con una breve ma vibrante arringa il cardinale infiammò le truppe e ordinò la mobilitazione immediata. Al suono dei tamburi e di tutte le campane di Milano 20.000 Svizzeri uscirono da porta Romana in pieno assetto di guerra.

**Mappa della campagna di Marignano**. Gli Svizzeri avevano bloccato i passi del Monginevro e del Moncenisio, gli unici su cui si teneva sarebbe potuto passare un esercito. Ma i Francesi, guidati dal maresciallo Trivulzio, passarono più a sud per il meno noto Colle dell'Argentera e, minacciando sul fianco le postazioni confederate, costrinsero gli Svizzeri alla ritirata verso Milano. Le truppe ispano-pontificie, alleate degli Svizzeri, non entrarono mai in azione a causa dell'indecisione del pontefice Leone X, che cercava un accordo con re di Francia.

*Map of the campaign of Marignano. The Swiss had blocked the Alpine crossings of the Col de Montgenèvre and Moncenisio, the only passes on which they believed would be able to pass an army. But the French, led by the marshal Trivulzio, passed further south trough the lesser known Colle dell'Argentera and, threatening the Swiss positions on the flank, forced them to the retreat towards Milan. The Spanish and Papal troops, allied to the Swiss, never came into action because of the hesitation of the pope Leo , who looked for an agreement with the king of France.*

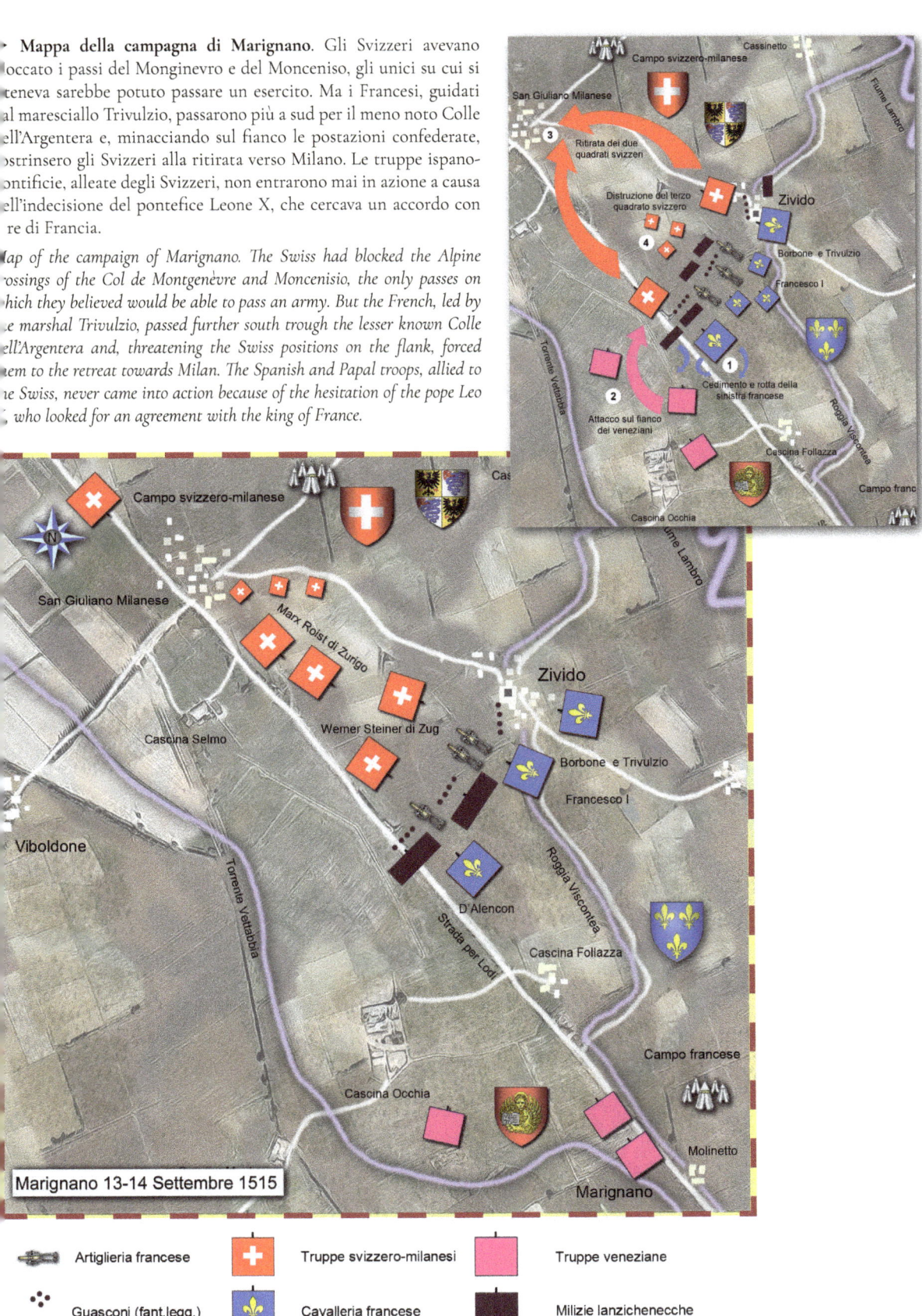

Marignano 13-14 Settembre 1515

Artiglieria francese

Guasconi (fant.legg.)

Truppe svizzero-milanesi

Cavalleria francese

Truppe veneziane

Milizie lanzichenecche

TAVOLA A

35

TAVOLA B

TAVOLA C

TAVOLA  D

TAVOLA E

TAVOLA F

TAVOLA G

TAVOLA H

**TAVOLA I**

TAVOLA K

TAVOLA L

TAVOLA M

TAVOLA N

TAVOLA O

TAVOLA P

TAVOLA Q

# LA BATTAGLIA

## PRIMO GIORNO

Giovedì 13 settembre 1515, verso le 4 del pomeriggio, il re di Francia si trovava nel suo padiglione intento a provare una nuova armatura di fattura tedesca; gli era stata regalata il giorno prima, in occasione del suo ventunesimo compleanno. Mentre Francesco osservava ammirato come la corazza aderiva al proprio corpo seguendone i più piccoli movimenti senza alcun impiccio, sulla scena irruppero improvvisamente due cavalieri coperti di polvere. Erano monsieur de Fleuranges e il conte di Sancerre tornati al campo al galoppo per portare una spaventosa notizia: gli Svizzeri erano usciti da Milano e si erano messi in marcia per attaccare l'esercito francese. I nemici si trovavano ormai a pochi chilometri dall'accampamento.

Francesco I, per nulla intimorito, si fece portare la sopraveste azzurra con i gigli dorati di Francia, indossò l'elmo dai pennacchi bianchi, salì sul suo magnifico destriero bardato e diede l'ordine di prepararsi per la battaglia. Bartolomeo d'Alviano, che si trovava di nuovo in visita presso il re, partì subito alla volta di Lodi con la promessa di tornare al più presto alla testa dell'esercito veneziano.

Il re aveva previsto un eventuale attacco da parte degli Svizzeri e quindi le truppe si trovavano già sui luoghi che avrebbero dovuto occupare. Per prima c'era l'avanguardia agli ordini del conestabile di Borbone e del maresciallo Trivulzio, schierata tra San Giuliano e il Lambro. Di essa facevano parte

▲ **La battaglia di Marignano** da un dipinto contemporaneo attribuito al Maître à la Ratière. In basso al centro è possibile notare il re Francesco I in groppa ad un destriero bardato coi gigli di Francia, mentre sulla sinistra, dietro la prima schiera svizzera compare anche la sagoma del cardinale Schinner.

*The battle of Marignano from a contemporary painting attributed to the Maître à la Ratière. Below in the centre it is possible to see the king Francis I mounting a barded warhorse adorned with the fleur de lys, while on the left, behind the first Swiss host, compares the figure of the Cardinal Schinner.*

30 cannoni del siniscalco d'Armagnac Galiot de Genouillac, le artiglierie leggere e i 10.000 balestrieri guasconi agli ordini di Pedro Navarro, un'enorme quadrato di 10.000 lanzichenecchi e 950 lance pronte ad intervenire sui fianchi con azioni di supporto. I cannoni e i tiratori erano in prima linea, al riparo di un fosso e di alcuni targoni di legno fatti erigere appositamente per proteggere i tiratori durante la ricarica.

Un km più indietro era schierato, di fronte a Santa Brera, il corpo di battaglia principale agli ordini dello stesso re. Comprendeva le rimanenti artiglierie, un altro quadrato di 9.000 lanzichenecchi (tra cui i 6.000 della Banda Nera) e il grosso della gendarmeria a cavallo. Infine veniva la retroguardia agli ordini del duca d'Alençon, davanti a Marignano e formata unicamente da cavalieri.

I Francesi si erano disposti su una zona pianeggiante, ma che, a causa dei ripari da loro stessi eretti e dal gran numero di fossi e canali di irrigazione che bagnavano la zona, avrebbe rallentato e ostacolato l'avanzata degli Svizzeri; il loro stesso schieramento scaglionato in tre corpi successivi uno dietro l'altro era inteso infatti a logorare le forze del nemico che, prima sarebbe avanzato sotto una pioggia incessante di colpi e cannonate, poi avrebbe incontrato la solida massa dei picchieri lanzichenecchi ed infine sarebbe stato caricato sui fianchi dalla cavalleria.

Intanto gli Svizzeri erano arrivati in vista dell'accampamento francese; i capitani avevano imposto l'alt a San Donato per ristorare le truppe e consultarsi sul piano da adottare. Gli ufficiali erano concordi nel posticipare l'attacco al giorno successivo, erano ormai le cinque e fra non molto avrebbe fatto buio. La gran massa dei fanti era invece piena d'ardore e fremeva per la battaglia, spinta dall'odio per i lanzichenecchi e dalla sicurezza di non esser mai stati sconfitti. Ben presto la maggioranza ebbe il sopravvento e si dispose per lo schieramento in tre quadrati di 6/7.000 picchieri ciascuno. Il piano era lo stesso che due anni prima aveva garantito la vittoria a Novara: una rapida avanzata verso il nemico per impossessarsi dell'artiglierie e rivolgergliele contro; non sarebbe stato concesso quartiere a nessuno eccetto che al re!

Un attimo prima di scagliarsi all'attacco tutto l'esercito s'inginocchiò per la consueta preghiera che precedeva ogni battaglia: l'ammanno di Zug Werner Steiner prese un pugno di terra e lo

◄ **La notte della battaglia** in un'illustrazione ottocentesca. Si racconta che Francesco I, distrutto dalla fatica per i continui combattimenti, si sia addormentato sopra un cannone.

*The night of the battle from an XIX century illustration. The story tells that Francis I, exhausted for the prolonged fight, fell asleep on a cannon.*

► **Il cardinale Schinner** incita gli Svizzeri durante la battaglia di Marignano.

*The cardinal Schinner animates the Swiss during the battle of Marignano.*

gettò simbolicamente verso i suoi compagni pronunciando queste parole: *"Nel nome del Padre, del Figlio e dello Spirito Santo, questo sarà il nostro cimitero!"*

L'avanguardia francese aveva appena aperto il fuoco sul primo quadrato svizzero quando da esso si staccarono 2.000 "figli perduti" (giovani volontari scelti per il loro coraggio e la loro prestanza fisica) che corsero verso le trincee nemiche brandendo grossi spadoni a due mani. Incuranti dei colpi che li decimavano, in un attimo si gettarono nel fosso, lo scalarono e si avventarono sui Guasconi e i cannoni che questi proteggevano. La lotta si fece subito intensa e solo quand'anche il resto della prima schiera svizzera fu sulle trincee francesi ed ebbe catturato sette grossi cannoni si fecero avanti i lanzichenecchi. L'urto colossale tra le due masse di picchieri dette il tempo ai fanti leggeri del Navarro di riorganizzarsi e salvare all'ultimo momento il resto dell'artiglieria, che fu subito rimessa in linea per ricominciare a sparare. Ma gli Svizzeri continuavano ad avanzare furibondi, e, alla vista dei lanzichenecchi che cominciavano a cedere terreno, il conestabile e il Trivulzio ordinarono alla cavalleria di intervenire dai due fianchi. Anche questa mossa però non riuscì ad arrestare il solido quadrato dei confederati che con le loro picche ributtavano indietro indistintamente fanti e cavalieri.

L'avanguardia francese era sull'orlo del collasso, e l'arrivo della seconda falange svizzera le avrebbe dato certamente il colpo di grazia se non fosse contemporaneamente intervenuto il re alla testa del corpo centrale a dar man forte. La Banda Nera si gettò nella mischia assieme alla cavalleria pesante con le lance abbassate. La battaglia infuriava ormai tra il fumo delle cannonate, il rumore del ferro e le urla dei moribondi. Gli Svizzeri sembravano davvero inarrestabili; Francesco I ad un certo punto decise addirittura di scendere da cavallo per esortare i suoi fanti al grido di *"Francia! Francia!"*, mentre gli artiglieri lottavano disperatamente per non abbandonare i loro pezzi in mano al nemico. Il maresciallo Trivulzio se la vide brutta quando si buttò in mezzo a una compagnia di alabardieri svizzeri per strappargli il corpo del suo alfiere ferito a morte. Circondato, schivò un colpo che per poco non lo decapitò, strappandogli via soltanto le piume dall'elmo e fu salvato a stento dai suoi compagni corsi all'ultimo in suo soccorso.

Al crepuscolo i combattimenti non accennavano a cessare, e l'oscurità non fece che aggiungere altra confusione alla battaglia. Il fatto che sulle bandiere di entrambi gli avversari fossero dipinte delle croci bianche aveva ingannato non pochi cavalieri che si erano fatalmente spinti incontro alle schiere svizzere nella speranza di trovare un attimo di respiro tra una carica e l'altra. Verso la mezzanotte anche la tenue luce della Luna abbandonò il campo di battaglia e a quel punto non si poté far altro che sospendere la lotta.

Ma i soldati erano così frammisti gli uni agli altri che spesso, quando non gli era rimasta quel poco di forza da permettergli di scannarsi a vicenda, si addormentavano esausti a fianco del proprio nemico. Solo i più fortunati riuscivano a raggiungere i fuochi accesi dai compagni guidati dal suono familiare delle loro voci; il cardinale Schinner, che alla fine della giornata si era trovato nel bel mezzo di una banda di lanzichenecchi, si sforzò di parlare un tedesco che non tradisse il minimo accento svizzero e per sua fortuna riuscì a dileguarsi e a raggiungere una casetta in fiamme dove avevano posto il loro quartier generale i capitani svizzeri.

La battaglia era stata per il momento favorevole ai confederati, che erano penetrati come un cuneo tra i due terzi dell'esercito francese fino al borgo di Zivido. Marx Röist, comandante in capo delle schiere elvetiche, decise insieme al cardinale di mandare messi a Milano a sollecitare rinforzi e viveri per l'indomani, ma questi si dispersero invece tra le campagne spargendo la falsa notizia della vittoria svizzera. Da qualche altra parte sul campo immerso nelle tenebre anche il re di Francia teneva consiglio coi suoi generali. Al pari dei suoi soldati quel giorno Francesco I non si era risparmiato, la sua armatura era coperta di ammaccature che nascondevano lividi e ferite ricevute durante le sue continue cariche (trenta se ne erano contate!) contro le linee avversarie. Prima di concedersi un po' di riposo dette istruzioni sulla disposizione delle truppe per la giornata seguente, poi fece scrivere un dispaccio urgente da mandare a Bartolomeo d'Alviano con l'ordine di correre al più presto in suo soccorso. Terminate queste incombenze e smontato da cavallo, il re accettò di bere da un elmo un po' d'acqua frammista a sangue e fango raccolta da un canale nelle vicinanze. Stette male, vomitò e, nonostante il suo nobile proposito di rimanere tutta la notte *"col culo in sella, la lancia in resta e l'elmo in testa"*, alla fine si accasciò stremato sull'affusto di un cannone.

◀ Ecco come appariva il campo di battaglia secondo **Urs Graf**, combattente a Marignano e autore di questo disegno. Sullo sfondo una carica di cavalleria contro una formazione di picchieri, ancora più indietro due quadrati sul punto di scontrarsi.

*The battlefield in the idea of Urs Graf, fighter at Marignano and author of this black and white sketch. On the background a cavalry charge against an infantry pike formation, further back two pike squares are about to clash.*

▶ **Armati svizzeri in una litografia ottocentesca**
*Swiss men at arms. XIX century engraving*

## SECONDO GIORNO

All'alba il suono dei corni svizzeri e delle trombe francesi chiamò nuovamente i soldati all'adunata per riprendere lo scontro. Questa volta i Francesi avevano preferito schierarsi in linea invece che in profondità, formando una specie di esse con l'avanguardia del conestabile di Borbone sulla destra di fronte a Rovido, il centro con il re che faceva perno su Zivido e la retroguardia ancora fresca del duca d'Alençon che occupava la sinistra, tra Zivido e la strada di Lodi. I picchieri lanzichenecchi erano stati ripartiti equamente fra tutte e tre le divisioni francesi ed erano sempre appoggiati sui fianchi dall'artiglieria e dalla cavalleria pesante; sopra l'argine di un fosso, che correva per tutta la fronte dello schieramento si erano schierati invece i tiratori, in posizione privilegiata per bersagliare il nemico dall'alto.

Osservato lo schieramento avversario, gli Svizzeri si disposero di conseguenza. Il quadrato d'avanguardia era schierato a sinistra di fronte agli avversari del giorno precedente, Marx Röist comandava il centro che si sarebbe scontrato contro il battaglione del re e il terzo quadrato, ancora fresco e intatto, stava a destra pronto ad assaltare le truppe del duca d'Alençon.

L'avanzata dei confederati si rivelò però più difficile del previsto, grazie anche a un trucco escogitato dal maresciallo Trivulzio. La notte prima quella vecchia volpe aveva fatto rompere gli argini di alcuni canali, allagando i campi dove si trovavano gli Svizzeri, che ora erano costretti a marciare con l'acqua fino alle ginocchia. Questo impedimento diede il tempo necessario all'artiglieria francese di concentrare più efficacemente il fuoco contro i quadrati avversari, aprendo spaventosi varchi tra le fila dei confederati. Questi, giunti finalmente di fronte al fosso, furono poi accolti dalle salve dei balestrieri guasconi che scompaginarono ulteriormente le loro formazioni.

Alla destra francese, sotto l'abile guida di Pedro Navarro, le artiglierie leggere e i tiratori avevano arrestato con successo l'attacco nemico; del resto si erano trovati di fronte il quadrato d'avanguardia

della giornata precedente, il più provato di tutti per il maggior numero di perdite subite. Al centro, gli Svizzeri riuscirono invece ad attraversare il fosso noncuranti della pioggia di fuoco che si riversava su di loro, ma poi, caricati sui tre lati dalla Banda Nera e dalla cavalleria, persero di slancio e si impantanarono in una nuova mischia furiosa senza riuscire a sfondare le linee avversarie.

Era chiaro a questo punto che lo scontro si sarebbe deciso tra la destra elvetica e la sinistra francese, dove entrambi i contendenti schieravano truppe fresche, che non avevano preso parte ai combattimenti del giorno precedente. E infatti proprio qui gli Svizzeri concentrarono i loro sforzi.

Il quadrato avanzò rapidamente contro le truppe francesi che contro caricarono ma vennero subito respinte e travolte. La divisione del duca d'Alençon si sfasciò sotto la pressione della compatta falange avversaria e fanti e cavalieri si volsero rapidamente in fuga per le campagne di Mezzano e di Pedriano; invano alcuni nobili cercarono di chiamare a raccolta i gruppi di fuggiaschi per tentare un'ultima resistenza.

Erano ormai le otto, e si combatteva già da tre ore quando la vittoriosa destra elvetica che si preparava ad attaccare sul fianco il centro dello schieramento avversario avvistò un gran polverone sulla strada di Lodi accompagnato dalle urla di *"Marco! Marco!"*. Era la cavalleria veneziana di Bartolomeo d'Alviano, accorsa sul campo appena in tempo per dar man forte agli alleati francesi. L'Alviano, raggiunto nella notte dalle richieste d'aiuto del re, aveva subito lasciato i suoi quartieri di Lodi e si era messo in cammino a marce forzate verso Marignano. A un certo punto, per non ritardare oltre il suo intervento, aveva lasciato indietro la fanteria e si era lanciato al galoppo con la sola cavalleria, procedendo così di fretta, che al suo arrivo sul campo di battaglia lo seguivano soltanto 50 uomini d'arme.

Gli Svizzeri, che in mezzo alla polvere scorgevano appena le sagome dei cavalieri nemici, pensarono di avere addosso l'intero esercito veneziano e decisero allora di giocarsi il tutto per tutto con un'ultima disperata azione risolutiva. Proprio quando le due ali dello schieramento confederato cominciavano a

▶ **Il castello di Zivido**, dove perirono tra le fiamme 400 Svizzeri che vi si erano asserragliati tentando l'ultima resistenza.

*The castle of Zivido, where 400 Swiss perished in the flames after their last stand.*

◀ **Dopo la battaglia**, Francesco I chiese al Baiardo di nominarlo cavaliere sul campo. Ecco la scena immortalata in un dipinto ottocentesco. Il Baiardo giurò di portare solamente contro gli infedeli la spada dell'investitura.

*After the battle, Francis I asked Bayard to knight him on the field. Here the scene is immortalized in a painting of the XIX century. Bayard swore that he would bring the sword of the investiture only against the infidels.*

imboccare la via della ritirata, il centro, sempre impegnato contro il corpo di battaglia del re, si compattò e con una spinta terribile penetrò ancor di più nella massa dei lanzichenecchi, cercando di sfondarla una volta per tutte. Ma adesso era sopraggiunto anche il grosso della cavalleria veneziana che insieme all'ala destra francese cominciò a chiudersi come una morsa sul quadrato svizzero. Stretti tra le picche dei lanzichenecchi e falciati continuamente dalle cariche della cavalleria e dai colpi dell'artiglieria, i confederati finirono accerchiati e sterminati quasi fino all'ultimo. Un paio di compagnie, circa 300 uomini, che con uno sforzo sovrumano avevano sfondato le linee francesi ed erano riuscite a riparare nel castello di Zivido vennero subito strette d'assedio, ma, resistendo furiosamente, respinsero ogni tentativo d'assalto. I lanzichenecchi, stanchi per il continuo massacro, appiccarono allora il fuoco al castello e li bruciarono vivi.

I pochi superstiti si riunirono ai resti degli altri due quadrati e, formatone uno nuovo con al centro i feriti e le artiglierie catturate, cominciarono la ritirata verso Milano. Francesco I diede ordine di non inseguire, i suoi uomini erano distrutti dalla fatica e non occorreva infierire ulteriormente contro un nemico che si sarebbe potuto rivelare un valido alleato per il futuro.

Verso mezzogiorno i combattimenti cessarono del tutto e Francesco I poté finalmente scrivere alla madre Luisa di Savoia che la battaglia, dopo due giorni di lotta terribile, era vinta. Le campagne a nord di Marignano, la cui beltà e amenità era stata esaltata dai cronisti francesi prima della battaglia, apparivano adesso come dei luoghi squallidi e desolati, coperti di cadaveri e rossi di sangue. Questa battaglia, che fu tra le più sanguinose dell'epoca, aveva disseminato le campagne di 15.000 morti. *"Nella Svizzera orientale e mediana, donde provenivano le truppe che avevano combattuto a Marignano, non vi era, si può dire, località che non dovesse piangere qualche caduto"* dice Siegfried Frey. Anche i Francesi lamentarono la perdita di molti nobili cavalieri; tra i 200 baroni che avevano lasciato sul campo figuravano grandi nomi come quello di Francesco di Borbone, fratello del conestabile, o il principe di Talmont, unico figlio del La Trémouille, spirato con ben 62 ferite in corpo.

Il re riunì intorno a sé i più nobili principi del sangue e al loro cospetto chiese al Baiardo, il celebre cavaliere "senza macchia e senza paura", di ordinarlo cavaliere sul campo. Il Baiardo protestò affermando che un re è sopra tutti gli altri cavaliere per diritto di nascita, ma alle insistenze del sovrano estrasse la spada e con tre leggeri colpi sulle spalle di Francesco pronunciò queste parole *" Fortunata mia spada d'aver a sì bello e sì potente re conferito l'ordine della cavalleria! Certo tu sarai molto ben custodita come una reliquia, ed io non ti porterò mai che contro Turchi, Saracini o Mori."*

Consacrata con questa scena trionfale la gloriosa vittoria che il giovane re aveva tanto desiderato per inaugurare il suo regno, si celebrarono tre messe. Una appunto per ringraziare Dio della vittoria, un'altra per raccomandargli le anime dei caduti (compresi quelli del nemico) e un'altra ancora per pregarlo di concedere la pace.

La ritirata degli Svizzeri dal campo di Marignano, o, come qualcuno ha saggiamente affermato, dal campo della grande politica, avvenne in perfetto ordine, tanto che ispirò un famoso affresco del pittore Ferdinand Hodler. I Milanesi che osservavano il triste spettacolo de *"...li fugenti Sviceri, che a Milano per porta Romana ritornavano, l'uno avendo tagliato un brazzo, l'altro una gamba; et chi guasto dall'artiglieria, et chi fatto pressagio de passatori; l'un l'altro amorevolmente portandosi, che proprio pareano i peccatori imaginati da Dante nella nona bolgia d'inferno..."* (G. Prato, *Storia di Milano*) furono mossi a compassione e, aperte le botteghe, invitarono i reduci a concedersi un po' di ristoro con pane e vino.

Poi, quando i confederati si resero conto che il duca Massimiliano Sforza non aveva denari per pagarli, decisero di tornarsene a casa per la via di Como, lasciando solo un modesto presidio nel Castello di Milano.

Il cardinale Schinner abbandonò anche lui la città, ma in direzione del Tirolo, dove si ritirò in esilio sotto la protezione dell'imperatore Massimiliano d'Asburgo.

▲ Insieme con Marignano, la battaglia di Pavia fu l'atro grande scontro sostenuto dal re di Francia pochi anni dopo.

*With Marignano, the battle of Pavia was the other great clash sustained by the king of France a few years later.*

▶ **Francesco I** ordina alle sue truppe di non inseguire gli Svizzeri in ritirata. Dipinto di Alexandre-Evariste Fragonard (1780-1850). Non aveva senso infierire eccessivamente contro il nemico, anche perché le truppe francesi erano esauste. La battaglia ormai era vinta e il re aveva già in mente di rinnovare l'alleanza con gli Svizzeri.

*Francis I orders his troops to stop the pursuit of the retiring Swiss. Painting of Alexandre-Evariste Fragonard (1780-1850). It was useless to excessively harass the enemy, also because the French troops were exhausted. The battle was won and the king was already thinking to renew the alliance with the Swiss.*

# LE CONSEGUENZE

La sconfitta degli Svizzeri e il ruolo decisivo giocato dall'artiglieria francese hanno posto la battaglia di Marignano tra i pilastri della storia militare. In 200 anni di dominio praticamente incontrastato sui campi di battaglia dell'Europa tardo-medievale non si ricordava sconfitta peggiore per i confederati. Si potrebbe quasi prendere a esempio di ciò la figura di Chezzio Amman, valoroso capitano caduto durante i combattimenti della seconda giornata. Egli, soldato da 40 anni, si era distinto la prima volta sul campo di Nancy, quando le picche dei confederati avevano fatto strage delle nobili lance borgognone. E proprio a Nancy, dove Chezzio Amman aveva combattuto in prima fila, i confederati avevano colto la vittoria più clamorosa, raggiungendo il culmine della loro parabola militare. Chi meglio di lui poteva quindi rappresentare il tramonto della potenza elvetica? Con la sua morte si chiudeva il capitolo più glorioso della storia militare svizzera. Il futuro avrebbe visto gli Svizzeri presenti ancora ai più celebri fatti d'arme, mai più però come protagonisti. Resistendo ai loro furiosi assalti per ben due giorni, i lanzichenecchi avevano dimostrato di essere ormai i degni eredi dei loro cugini delle Alpi.

Ma non furono né i fanti tedeschi, né la nobile cavalleria di Francia a meritare tanta considerazione da parte degli storici quanta invece ne ebbe il corpo dell'artiglieria. Come disse il siniscalco d'Armagnac, era stata l'artiglieria la vera vincitrice della battaglia. Senza dimenticare che se non fosse stato per il tempestivo intervento di Bartolomeo d'Alviano per i Francesi si sarebbe probabilmente ripetuta la catastrofe di Novara, l'affermazione del siniscalco aveva colto nel segno. Le sue batterie, insieme a quelle più leggere di Pedro Navarro, avevano provocato perdite enormi ai confederati, scompaginandone

la formazione e rallentandone l'iniziativa, un fattore essenziale per le loro tattiche, che sfruttavano la rapidità di manovra per conseguire la vittoria. Non a caso le azioni più violente e disperate si svilupparono proprio intorno ai pezzi d'artiglieria, che i Francesi dovevano assolutamente evitare di abbandonare al nemico e continuamente riallineare per mantenere un volume di fuoco costante.

Non va infine ignorata la grande capacità di coordinazione interarmi di cui diede prova l'esercito di Francesco I: i cannoni aprivano il fuoco, i lanzichenecchi avanzavano impegnando la fronte del quadrato avversario mentre la gendarmeria lo caricava ai due fianchi.

La cooperazione fra fanteria, cavalleria e artiglieria non testimonia meno dello sviluppo di quest'ultima la nascita di una moderna scienza militare all'alba del XVI secolo. E' pur vero che gli Svizzeri, sconfiggendo la cavalleria feudale di mezza Europa, ridiedero alla fanteria pesante il ruolo di "regina delle battaglie" che già era stato suo nell'antichità, ma a sua volta la lezione delle guerre d'Italia dimostrò la superiorità dell'esercito in cui tutti e tre i corpi agivano di concerto, sostenendosi a vicenda. E di questa lezione a Marignano seppero approfittare il re di Francia e i suoi comandanti.

Intanto Massimiliano Sforza rimaneva asserragliato nel Castello Sforzesco con una guarnigione di 2.500 uomini. Già la notte del 17 Pedro Navarro venne inviato coi suoi Guasconi e le artiglierie leggere a porvi l'assedio; in due settimane le mine dei Francesi aprirono una breccia e cominciarono le trattative per la resa. L'8 ottobre lo Sforza partì alla volta della Francia dove, in cambio della sua rinuncia a qualsiasi diritto ereditario sul ducato di Milano, gli fu permesso di ritirarsi con una pensione annua di 30.000 scudi. Francesco I nominò governatore del milanese il conestabile di Borbone affiancandogli in veste di consigliere il maresciallo Trivulzio. Il re doveva ora stipulare la pace con il papa e la Confederazione Elvetica.

L'abboccamento con il pontefice Leone X avvenne l'11 dicembre e le trattative si conclusero solamente il 18 agosto 1516 con la sottoscrizione del Concordato di Bologna. Furono dapprima regolate le questioni territoriali: il papa conservò Bologna, ma dovette abbandonare Parma e Piacenza in quanto facenti parte del territorio originario del ducato di Milano, e infine restituire Modena e Reggio agli Estensi alleati dei Francesi. Da parte sua Francesco I rinnovò l'alleanza con Firenze e concesse il suo benestare all'acquisto del ducato d'Urbino da parte di Lorenzo de'Medici, nipote del papa.

Ma le vera grande novità del concordato fu quella di ricomporre le divergenze che rischiavano di allontanare la Chiesa gallicana da Roma. Abolita la Prammatica Sanzione, il re ottenne il diritto di nomina per i vescovati, le abbazie ed i priorati vacanti, che il pontefice avrebbe dovuto solamente confermare; così, in cambio del riconoscimento del primato papale in materia dottrinale, nacque la Chiesa di stato francese.

Anche con gli Svizzeri non fu possibile raggiungere un accordo definitivo entro la fine dell'anno, solo il 29 novembre 1516 i delegati del re e quelli dei 13 cantoni arrivarono infatti alla firma della cosiddetta Pace Perpetua. L'accordo originario sanciva il divieto per i cantoni di allearsi e fornire mercenari ai nemici della Francia, ma nel 1521 venne ulteriormente modificato concedendo il diritto di arruolamento a beneficio esclusivo del re di Francia.

Da allora i confederati sarebbero rimasti tenacemente legati al destino della corona francese e avrebbero inaugurato una politica di rigida neutralità verso qualsiasi vicenda esterna alle loro valli.

Sia il Concordato di Bologna che la Pace Perpetua restarono in vigore per tutto l'Ancién Regime e non vennero soppressi o rivisti che con lo scoppio della Rivoluzione Francese. Si può ben dire quindi, che la battaglia di Marignano, causa remota di entrambi i trattati, abbia inaugurato anche la stagione della Francia moderna.

Al volgere dell'autunno 1516 sembrava essersi finalmente stabilito un certo equilibrio tra le potenze che da vent'anni combattevano per il predominio sulla penisola italica. Il nord, eccezion fatta per Venezia, che rimaneva comunque loro stretta alleata, era in mano ai Francesi; il centro all'ombra del papato; il sud con la Sicilia unito ai quattro regni iberici.

Tutti i contendenti erano stati accontentati, solo altre ambizioni avrebbero potuto rischiare di scatenare altre guerre.

◀▲ Particolari del bassorilievo sulla battaglia di Marignano che orna la tomba di Francesco I a S. Denis. A sinistra: il re di Francia è qui rappresentato mentre carica gli Svizzeri alla testa della sua cavalleria. A destra: gli Svizzeri, dopo aver catturato alcuni cannoni francesi, abbassano le picche e si preparano a ricevere l'urto della cavalleria pesante.

*Particulars from the carvings showing the battle of Marignano depicted on the tomb of Francis I at St. Denis. At left: here the king of France is represented at the head of his cavalry leading a charge against the Swiss. At right: the Swiss, after having captured some French guns, lower their pikes and prepare to withstand the impact of the heavy cavalry.*

▲ ▶ Due portainsegne delle milizie svizzere. Stampe cinquecentesche (wikipedia)
*Two standard bearer of the Swiss militia. Sixteenth-century prints (wikipedia)*

▲ Il cavalier Baiardo eroe francese alla battaglia di Marignano. Lo scudo è anacronistico; a quel tempo l'armatura di piastre che ricopriva completamente il corpo del cavaliere europeo ne aveva reso l'uso superfluo.
*Knight Bayard French hero at the battle of Marignano. The shield is anachronistic; at that time the plate armour which completely covered the European knight had made its use unnecessary.*

▶ L'eroico alfiere di Basilea Hans Bär, raffigurato sulla torre del municipio della città dal pittore svizzero Wilhelm Balmer nel 1901. Bär, colpito a morte da una palla di cannone, preferì fare a pezzi il suo stendardo piuttosto che lasciarlo cadere in mano al nemico.
*The heroic standard bearer of Basel Hans Bär, pictured on the tower of the city hall by the Swiss artist Wilhelm Balmer in 1901. Bär, mortally wounded by a cannon ball, preferred to cut to shreds his standard rather than letting it fall into the enemy's hands.*

# I COMANDANTI

## MARX RÖIST (1454 - 1524)

**B**en poco si sa di colui che fu comandante in capo dell'esercito svizzero durante la campagna di Marignano. Le primissime informazioni su di lui risalgono alle guerre di Borgogna, quando fu armato cavaliere sul campo per gli atti di valore compiuti nella battaglia di Morat (1476). Al cavalierato fu accompagnata l'elezione a sindaco, e poi borgomastro, della città di Zurigo, che ricoprì fino alla morte.

A Marignano era a fianco dei suoi concittadini, che comandava nel quadrato centrale, quello che alla fine venne stritolato dall'esercito francese e dalla cavalleria veneziana; ferito, riuscì comunque a portarsi in salvo unendosi ai suoi compagni in ritirata.

Alle cariche che già ricopriva in patria si aggiunse nel 1517 la nomina a capitano della famosa Guardia Svizzera di Leone X, raggiungendo così i massimi vertici della carriera militare.

## IL CARDINALE MATTHÄUS SCHINNER (SION, 1470 - ROMA, 1522)

**N**acque a Sion nel Vallese, in una famiglia modesta, ma di grande cultura. Il padre lo mandò in Italia per prendervi i voti e studiare l'italiano e il latino. Si rivelò una scelta saggia, poiché Matthäus si applicò con dedizione agli studi e acquistò grande fama per la sua eccezionale eloquenza. Non meno celebri erano la sua rettitudine e castità, che gli guadagnarono la stima e l'affetto dei suoi concittadini una volta rientrato in patria.

In breve fu nominato vescovo della sua città e, quando convinse gli Svizzeri a combattere contro i Francesi in difesa di Giulio II, ottenne come ricompensa la porpora cardinalizia. Le sue arringhe infuocate trovarono del resto terreno fertile negli animi dei confederati, indignati contro Luigi XII per averli licenziati preferendogli i loro odiati rivali tedeschi.

Vera *longa manus* che si celava dietro l'occupazione svizzera della Lombardia, il cardinale si rivelò sempre un tenace oppositore della Francia, che considerava nemica della Chiesa e perturbatrice della pace; non risparmiò mai alcuno sforzo per rammentare ai suoi compatrioti la bontà della loro causa e la necessità di non abbandonare la lotta contro Francesco I.

La sconfitta di Marignano, in cui rischiò persino di perdere la vita, non gli impedì affatto di perseverare nella sua personale crociata contro il re di Francia; quando partì per l'esilio alla corte imperiale ebbe cura infatti di portarsi dietro il fratello minore del duca spodestato, Francesco Sforza, sicuramente con

l'intenzione di servirsene in futuro per espellere ancora una volta i Francesi dal ducato di Milano. Nel 1519 era di nuovo in prima linea a sostenere la candidatura di Carlo d'Asburgo al trono imperiale contro, guarda caso, Francesco I; il premio che ne ricevette si trattò questa volta di un'altra sede vescovile, quella di Catania.

Gli ultimi giorni li trascorse alla corte del papa Adriano VI, successore di Leone X, in un'atmosfera piena di rispetto e gratitudine per i servigi che aveva costantemente reso alla curia romana.

Di lui lo storico Paolo Giovio disse che *"era un uomo da annoverare più tra i generali di valore assoluto che tra i cardinali, se si considera la sua forza fisica e intellettuale, o il numero delle sue imprese eroiche."* Mentre Francesco I ricordava come *"in termini di spese e di pericolo, la forza indomabile dell'eloquenza del cardinale di Sion gli aveva procurato più danno delle lance di numerose legioni svizzere.".*

▲ **Il cardinale Matthäus Schinner.** Anima e spada delle armate svizzere.

*The cardinal Matthäus Schinner. Soul and Sword of the Swiss army.*

◀ **Francesco I** ritratto da Joos van Cleve in anni distanti dal trionfo di Marignano

*Francis I portrayed by Joos van Cleve, in years distant from the triumph of Marignano*

▶ Il conestabile di Borbone. Nominato in atel veste direttamente dal re, proprio per i suoi servzi resi durante la battaglia di Marignano.

*The constable of Bourbon. Already distinguished as a soldier in the Italian Wars, Charles was appointed Constable of France by Francis I of France in 1515, and was rewarded for his services at the Battle of Marignano (where he commanded the vanguard) with the Governorship of Milan*

# IL RE DI FRANCIA FRANCESCO I (COGNAC, 1494 – RAMBOUILLET, 1547)

"*L'âme a Dieu, la vie au Roi, le coeur a la Dame, l'honneur a moi!*" Ecco, in estrema sintesi e tramite le sue stesse parole, cos'era la vita per Francesco I, e anche ultimo, del suo nome, veramente insolito per un re di Francia. Gli fu infatti imposto dalla madre, la scaltra Luisa di Savoia, che aveva giurato di chiamarlo col nome del suo santo preferito se l'avesse esaudita nel desiderio di partorire un erede maschio per il duca d'Angoulême.

Il re cavaliere, come è universalmente noto Francesco I, sembra per certi versi uscito da una delle storie su re Artù e i cavalieri della Tavola Rotonda, e per altri dalle pagine del *Principe* di Niccolò Machiavelli. La passione per la cavalleria e le imprese eroiche lo abbandonò esattamente dieci anni dopo gli eventi narrati in questo libro, quando venne preso prigioniero alla battaglia di Pavia, perdendo tutto, fuorché l'onore e la vita come ebbe successivamente a scrivere all'amata madre; l'amore per le dame lo accompagnò invece fino alla tomba, dato che sembra fosse morto proprio di sifilide, contratta dalla Belle Feronnière, una delle sue numerose amanti.

Ma il regno di Francesco I non si esauriva nelle avventure amorose, nei banchetti e nelle magnifiche feste per cui andava giustamente nota la sua corte. C'era anche spazio per la politica, la grande politica, quella cui gli Svizzeri avevano rinunciato ritirandosi da Marignano. Suo eterno avversario fu Carlo d'Asburgo, il famoso Carlo V, sul cui impero si diceva il sole non tramontasse mai. Dapprima i due sovrani più potenti d'Europa lottarono per il titolo imperiale, poi, dopo l'elezione di Carlo, riaprirono la decennale contesa per il predominio sui territori italiani, primo fra tutti il Milanese, che proprio a Pavia Francesco perse insieme alla libertà e all'esercito.

La necessità di trovare un alleato contro lo strapotere di Carlo, che ormai lo accerchiava dalla Spagna, dall'Italia, dalla Germania e dalle Fiandre, lo spinse nel 1535 a stringere alleanza addirittura col gran Turco, Solimano il Magnifico. La grande pietà cristiana di cui dava gran mostra ad ogni buona occasione non gli impedì nemmeno di farsi protettore dei principi protestanti tedeschi che si erano ribellati a Carlo, mentre mandava al rogo i loro correligionari in Francia; il "re cristianissimo", come era stato dichiarato dal papa, avrebbe stretto un patto con il Diavolo in persona se questo fosse servito a intralciare anche minimamente i progetti dell'imperatore.

In Francia ebbe il merito di introdurvi una moderna amministrazione, sostituendo al latino il francese nei documenti ufficiali e nella burocrazia. Fu anche protettore di artisti e poeti, portandoseli dietro come unica preda dall'Italia. Fu insomma il primo ed unico re del Rinascimento francese. Sul suo sarcofago a Saint Denis è scolpita una scena che lo ritrae mentre lancia una delle sue intrepide cariche contro gli Svizzeri a Marignano, il grande trionfo della sua gioventù, quello di cui non si stancò mai di vantarsi.

## IL CONESTABILE DI BORBONE (1490 - 1527)

Al tempo di Marignano Carlo III di Borbone-Montpensier era l'uomo più in vista di tutta la Francia. La carica di conestabile gli conferiva il comando supremo delle armate francesi, potendosi permettere, unico fra tutti i nobili, la condotta di ben 400 lance. Si distinse per la prima volta guidando una carica alla battaglia di Agnadello del 1509, mentre a Marignano comandava l'avanguardia dove combatteva anche suo fratello minore Francesco, che vide morire sotto i suoi occhi.

Alla morte del padre ereditò e riunì sotto di sé i vasti possedimenti di casa Borbone, e fu questo che segnò l'inizio della sua rovina alla corte del re. Francesco I, che mirava al rafforzamento della monarchia e a all'indebolimento della grande aristocrazia feudale, non vedeva per niente di buon occhio una tale concentrazione di terre e potere nelle mani di un principe così ambizioso e l'incidente che poi occorse tra il conestabile e la regina madre gli diede solo quel pretesto che aspettava per procedere alla confisca dei possedimenti borbonici. Luisa di Savoia, nonostante fosse 14 anni più vecchia di lui, si era per l'appunto innamorata di Carlo, ma, vistasi respinta, non perse tempo ad accusarlo di tentato stupro presso la corte. Fu quindi allestito un processo volto a sottrargli tutti i possedimenti acquisiti tramite la ricca eredità e, dopo aver visto cadere invano gli appelli di arbitrato al re, per tutta risposta Carlo decise di promuovere un complotto per spodestare Francesco I e salire al trono al suo posto. Di diritti ne poteva accampare parecchi, visto che apparteneva all'esclusiva cerchia dei principi del sangue reale. Quando la congiura venne scoperta, l'ex conestabile, non ebbe altra scelta che fuggire dalla Francia e offrire i suoi servigi al nemico mortale di Francesco, l'imperatore Carlo V.

Nella sua nuova veste di generalissimo imperiale il Borbone partecipò alla battaglia di Pavia combattendo contro i suoi compatrioti, e due anni più tardi guidò le truppe dell'imperatore al tristemente noto sacco di Roma, dove perse la vita per un colpo d'archibugio sparato, così pare, da Benvenuto Cellini.

## GIAN GIACOMO (O JACOPO) TRIVULZIO (MILANO, 1441 – CHARTRES, 1518)

"*Quest'uomo sarebbe stato senza dubbio il più celebre e il migliore dei condottieri italiani se non si fosse attirato l'odio e la maledizione implacabile dei suoi compatrioti quando, per primo, impose alla sua patria il giogo di una gente straniera.*" Come sempre il giudizio del Giovio coglie nel segno quando si tratta di delineare in poche righe il ritratto di un personaggio illustre dei suoi tempi.

E' infatti ragionevole pensare che senza l'aiuto di Gian Giacomo Trivulzio la Francia non avrebbe mai conquistato neanche un palmo di terra italiana.

In quanto capo del partito guelfo a Milano fu sempre ostile alla signoria sforzesca sulla città, che pure servì all'inizio della sua carriera militare, ma poi, con l'ascesa al potere di Ludovico il Moro, giunse alla rottura definitiva che lo portò prima al servizio dei Medici in Toscana, e poi a quello degli aragonesi di Napoli, nemici giurati di Ludovico. Nel 1494, all'arrivo dei francesi a Napoli, disertò e consegnò Capua alle truppe di Carlo VIII, cui offrì i suoi servigi, prestamente accettati. Le fortune di Gian Giacomo, e le sfortune dell'Italia, cominciarono proprio quando decise di passare al servizio della Francia.

Nel 1495, alla battaglia di Fornovo, guidava l'avanguardia francese contro le truppe della coalizione veneto-milanese venute a sbarrargli il passo; cinque anni più tardi, come si è visto, consegnava il ducato di Milano a Luigi XII, che in cambio lo nominava maresciallo e gli affidava la scorta del Moro sulla strada verso la prigionia che lo attendeva in Francia. Chissà quanto si sarà compiaciuto di sé il Trivulzio ora che finalmente poteva fare da carceriere al suo vecchio avversario, lo stesso che anni prima l'aveva deriso col soprannome di "Jacopo il mugnaio"!

Non c'era battaglia che riguardasse i destini della Francia in Lombardia cui Gian Giacomo non prese parte dando il suo prezioso contributo; nel 1509 ad Agnadello evitò la rotta dell'esercito francese, mantenendo impegnati i Veneziani per dare ai suoi il tempo necessario per riorganizzarsi e a lanciare il contrattacco vincente. Ancora si è visto quanto fossero fondamentali le sue doti nella campagna

► Bernardino de'Conti, ritratto del generale milanese **Gian Giacomo Trivulzio**, maresciallo di Francia.

*Bernardino de'Conti, portrait of the Milanese general Gian Giacomo Trivulzio, marshal of France.*

di Marignano, quando scovò il valico segreto sulle Alpi e allagò il campo di battaglia rallentando l'attacco degli Svizzeri il secondo giorno della battaglia.

Le sue tattiche prediligevano l'utilizzo di stratagemmi e sotterfugi meglio atti a confondere e disorientare il nemico piuttosto che attaccare frontalmente rischiando di perdere tutte le forze a disposizione. A differenza della maggior parte dei suoi colleghi il Trivulzio era anche e soprattutto un generale oltre che un cavaliere.

Fu proprio grazie ad uno dei suoi stratagemmi che Francesco I evitò di perdere il ducato di Milano appena conquistato. Nel 1516, l'anno dopo la battaglia di Marignano, l'imperatore Massimiliano d'Asburgo, in quanto capo supremo del Sacro Romano Impero di cui Milano era parte integrante, rivendicò per sé il ducato e scese in Italia intenzionato a riprenderselo guidando un esercito composto da 16.000 lanzichenecchi, 14.000 Svizzeri e una considerevole forza di cavalleria.

Gli imperiali erano già arrivati ai sobborghi di Milano e la scarna guarnigione francese si dava ormai per spacciata quando, per l'ultima volta, intervenne il vecchio maresciallo che, nonostante i 74 anni suonati, aveva ancora parecchi assi nella manica da sfoderare per capovolgere la partita.

Gian Giacomo si mise a scrivere una lettera al colonnello Staffer, comandante degli Svizzeri imperiali, in cui risultava che il suddetto colonnello fosse d'accordo con lui per tradire l'imperatore e consegnarlo al conestabile di Borbone, capo della guarnigione francese di stanza a Milano. Ovviamente la lettera venne affidata ad un messaggero che ebbe cura di farsi catturare e, quando Massimiliano ne lesse il contenuto, ne rimase così spaventato da levare immediatamente le tende e ritirarsi oltralpe! Per onestà va comunque detto che Massimiliano rischiava veramente un ammutinamento da parte dei suoi mercenari che cominciavano con un certo disappunto a sentire il ritardo nel pagamento del soldo...

Le disgrazie del maresciallo si manifestarono per coincidenza insieme a quelle del Borbone, che richiamato in patria per presenziare al processo, venne sostituito nella carica di governatore di Milano dal visconte di Lautrec. Il Lautrec, di animo crudele, divenne ben presto così invidioso dello sfarzo e del favore popolare che circondavano il Trivulzio da accusarlo di collusione con il nemico presso il re. Ma Gian Giacomo, quasi ottantenne, non esitò ad attraversare le Alpi in pieno inverno (solo tre anni prima a Marignano aveva trovato la forza di combattere e rischiare la vita per due giorni di fila) pur di andare a incontrare il sovrano per discolparsi. Lo trovò a Chartres e, sulla strada che percorreva il

corteo reale, riuscì a farsi bastante largo tra la folla per rivolgere questa supplica a Francesco I: *"Sire, degnatevi di accordare un momento d'udienza ad un uomo che s'è trovato in diciotto battaglie al servigio vostro e dei vostri antenati."* Ma il re gli accordò appena una rapida occhiata e passò oltre.

Gian Giacomo Trivulzio, senza più speranze e ormai prossimo alla fine, cadde ammalato. Il re alla fine si pentì e provò rimorso per quel vecchio generale che tanto aveva fatto per la Francia. Mandò quindi un messo a porgergli le sue scuse, e il Trivulzio gli fece rispondere che era colpito dalla bontà del re, ma lo era stato ancor di più dal suo rigore e il rimedio perciò giungeva tardi. Morì il 4 dicembre 1518. La caduta in disgrazia degli ultimi anni è stata da molti considerata come la giusta punizione per aver abbandonato l'Italia alla servitù straniera, ma qualcuno afferma anche che prima di morire il maresciallo disse d'essersi pentito d'aver introdotto i Francesi in Lombardia.

## IL BAIARDO (1473 – 1524)

Pierre Terrail signore di Bayard o, come era più semplicemente noto in Italia, il Baiardo, fu la personificazione vivente del paladino Orlando. Il celebre appellativo "cavaliere senza macchia e senza paura" venne coniato proprio per lui, l'ultimo cavaliere della tradizione cortese.

Partecipò a tutte le più famose battaglie combattute dalla Francia durante le guerre d'Italia, guadagnandosi gli speroni nel 1494 a Fornovo, dove ricevette un elogio dal re Carlo VIII per aver catturato una bandiera italiana. Nel 1503 bloccò 200 soldati spagnoli sul ponte del Garigliano senza neanche indossare l'armatura, mentre sei anni dopo ad Agnadello suggerì la carica vincente al giovane conestabile di Borbone. Ma l'impresa più famosa di tutte, quella che gli valse la nomina a capitano di 100 lance, fu la difesa della città di Mézières nelle Ardenne. Nel 1513 era stata assediata da un esercito imperiale forte di 35.000 uomini; il Baiardo guidò la difesa con soli 1.000 uomini e alla fine riuscì con uno stratagemma a scoraggiare il nemico, che si ritirò.

A Marignano perse ben tre cavalli per mano delle picche svizzere e se la vide brutta anche durante

► **Il Baiardo**, il cavaliere senza macchia e senza paura. Il racconto delle sue gesta, *La très joyeuse et très plaisante histoire du gentil seigneur de Bayart écrite par son loyal serviteur*, venne stilato da Jacques de Mailles, che combatteva come arciere a cavallo a fianco del celebre cavaliere.

*Bayard, the knight without fear and beyond reproach. The tale of his deeds, La très joyeuse et très plaisante histoire du gentil seigneur de Bayart écrite par son loyal serviteur, was written by Jacques de Mailles, who fought as horse archer at Bayard's side.*

◄ Il Baiardo in azione sul ponte del Gariglano.

*The Baiardo in action at the battle on the bridge of the Garigliano.*

la notte, quando rischiò di finire in mezzo ai fuochi accesi dagli Svizzeri. Fra i tre destrieri che gli ammazzarono ve n'era uno in particolare, *Le Carman*, per il quale il cavalier Baiardo nutriva un affetto particolare; si diceva che l'avesse addestrato a portargli una spada tra i denti al solo suono della voce. Grande fu quindi la gioia del Baiardo quando ritrovò *Le Carman* un paio di giorni dopo la battaglia che nitriva in cerca del suo padrone!

Al termine dello scontro il Baiardo ebbe l'onore di essere scelto per conferire al re l'ordine della cavalleria. Francesco I, che incaricò del nobile compito un cavaliere di chiara fama, ma povero e di scarsa influenza, voleva molto probabilmente evitare di suscitare le gelosie fra i principi più potenti, i quali presenziavano tutti all'investitura. Se la scelta fosse caduta su uno qualunque di loro, tutti gli altri si sarebbero sentiti ingiustamente esclusi.

 La fine del Baiardo è, in un certo qual senso, anche la fine della cavalleria, che proprio in quegli anni soccombeva alle nuove armi da fuoco sui campi di battaglia. Fu infatti un archibugio, *"il maledetto, abominoso ordigno"* come diceva il Tasso, a infliggere la ferita mortale al cavaliere senza macchia e senza paura. Quando Francesco I fu catturato a Pavia secondo alcuni esclamò: *"Non sarei oggi in questa condizione, se avessi ancora Baiardo accanto a me."*

# PEDRO NAVARRO ( GARDE, 1460 − NAPOLI, 1528)

Di umili origini, Pedro Navarro divenne ben presto il più celebre esperto della sua epoca nella guerra d'assedio. In gioventù si era dedicato alla carriera marinara, un'occupazione comune al popolo della Navarra, ma poi, in cerca di maggiori avventure, andò a combattere in Italia, dove imparò come sbriciolare le mura dei castelli scavandovi sotto delle gallerie che poi venivano riempite di polvere da sparo e fatte saltare. Partecipò alla guerra di Napoli del 1499-1503 agli ordini di Consalvo di Cordova, meglio noto come il Gran Capitano, e con le sue mine espugnò sia Castel Nuovo che Castel dell'Ovo. Successivamente fu nominato ammiraglio dal re di Spagna Ferdinando il Cattolico e inviato contro i pirati tunisini del nord Africa. Collezionò un successo dopo l'altro, prendendo Orano, Béjaia, Algeri, Tunisi e Tripoli; ma poi la fortuna cambiò anche per lui, e nel 1510 venne clamorosamente sconfitto dai cavalieri berberi all'assedio di Djerba.

Tornato in Italia due anni dopo cadde prigioniero dei Francesi alla battaglia di Ravenna e, qui viene il bello, alla notizia che il suo re non possedeva denaro a sufficienza per il suo riscatto passò anche lui al servizio di Francesco I, sempre pronto a riconoscere il talento di un buon capitano, qualunque fosse la sua origine. A Marignano era comandante degli archibugieri e dei balestrieri guasconi, dura gente dei Pirenei come lui, e, nonostante la ferocia della lotta, riuscì sempre a proteggere efficacemente le artiglierie dai furiosi assalti degli Svizzeri.

Dopo un fallito soccorso a Genova assediata e saccheggiata dagli imperiali, si unì alla spedizione del Lautrec che tentò di riconquistare Napoli nel 1528. L'esito fu disastroso per l'esercito francese, che perse il suo comandante e più della metà degli effettivi a causa della peste; mentre il Navarro fu preso prigioniero per la seconda volta. Gli Spagnoli al servizio dell'imperatore certo non nutrivano simpatia per il loro ex capitano passato così facilmente al servizio del nemico, e quindi lo lasciarono marcire in prigione dove fu soffocato dal boia.

◄ **Pedro Navarro,** comandante del genio e della fanteria leggera nell'esercito francese. Famoso per le sue mine sotterranee, il capitano Navarro era considerato il miglior assediatore di città dei suoi tempi.

*Pedro Navarro, commander of the light infantry and the military engineering in the army of Francis I. Famous for his underground mines, captain Navarro was considered the best besieger of cities of his times.*

► Giovanni Bellini, presunto ritratto del condottiero **Bartolomeo d'Alviano**.

*Giovanni Bellini, portrait of a condottiero, possibly Bartolomeo d'Alviano.*

# BARTOLOMEO D'ALVIANO (TODI, 1455 – GHEDI, 1515)

La tradizionale fama di imbellità tanto spesso affibbiata ai comandanti italiani del Rinascimento viene totalmente contraddetta dalla vita di questo valorosissimo soldato, che fin da giovanissimo si distinse nel mestiere delle armi. Si narra addirittura che la carriera militare gli fu predetta alla nascita dagli astrologi, dopo che la madre lo partorì nel momento in cui il pianeta Marte raggiungeva lo zenith. Né nobile né ricco, dovette le sue prime fortune al barone romano Virginio Orsini che lo adottò e gli diede in sposa la sorella. Seguendo le vicende della sua nuova famiglia, combatté al soldo dei Veneziani nella guerra di Pisa e poi nel 1503 servì sotto il Gran Capitano contro i Francesi, vinti nella battaglia del Garigliano.

Quattro anni dopo ottenne una clamorosa vittoria contro le truppe dell'imperatore Massimiliano nella guerra di Cadore, conquistando Pordenone e Trieste alla Serenissima, che in cambio gli concesse un trionfo a bordo del Bucintoro e lo nominò generalissimo affiancandolo al conte di Pitigliano.

Le sue tattiche rapide e aggressive gli procurarono le critiche degli altri condottieri italiani, per tradizione cauti e temporeggiatori, che lo consideravano un ottimo capitano, ma uno scarso generale; troppo avventato e impetuoso dicevano. In realtà fu molto probabilmente l'incapacità, o meglio il rifiuto, dei colleghi ad appoggiare le sue audaci offensive all'origine delle sue sconfitte, prima fra tutte quella di Agnadello avvenuta per mano dei Francesi nel 1509.

L'Alviano, al comando della retroguardia dell'esercito veneziano, aveva già messo in rotta l'avanguardia nemica, ma poi, abbandonato dal Pitigliano che non volle inviargli rinforzi, fu circondato, ferito e preso prigioniero.

Trascorse tre anni nelle carceri francesi, dove redasse sulla carta per le latrine i suoi commentari, usando delle penne fabbricate con le pagliuzze delle scope e del carbone tritato e bagnato con del vino a mo' d'inchiostro. Firmata quindi la pace tra Venezia e la Francia tornò in libertà e compì l'ultima fatica sul campo di Marignano, salvando con appena una manciata di cavalieri l'esercito di Francesco I.

Subito dopo la battaglia si ammalò e, provato dall'età e dalle fatiche, morì poco dopo.

Il nipote del Trivulzio, incaricato di portarne la salma a Venezia, si rifiutò di domandare salvacondotto a Marcantonio Colonna per il transito nei territori nemici, *"dicendo non essere conveniente che chi vivo non aveva mai avuto paura degli inimici, morto facesse segno di temerli."*

Parte 4ª   EPOCA MODERNA – SECOLO XVI

## REPUBLICA DI VENEZIA

Cavalleria Stradiotta

1515-50

# LE TAVOLE - THE PLATES

### Tavola A: CARTINA DELLA BATTAGLIA

Lo schieramento di battaglia nella sua fase culminante, tra la notte e la mattina del 14 settembre. In alto a destra è raffigurato l'andamento della battaglia nel secondo giorno di combattimenti.

*The battle deployment at its climax, between the night and the morning of the 14 September. Above right is depicted the progress of the battle during the second day of fighting: 1) Rout of the French left. 2) Attack on the Swiss flank by the Venetian reinforcements. 3) Retreat of two Swiss squares. 4) Destruction of the third Swiss square.*

### Tavola B: FRANCESCO I, RE DI FRANCIA, ALLA BATTAGLIA DI MARIGNANO.

L'equipaggiamento con cui viene qui raffigurato Francesco I è ispirato ai bassorilievi che ornano la tomba del re nell'abbazia di Saint Denis. Ai due lati del sarcofago sono infatti scolpite le più grandi vittorie del regno di Francesco I, fra cui Marignano appunto. Il bassorilievo dedicato a questa battaglia mostra al suo centro il re che guida una carica lancia in resta contro le falangi svizzere; il suo destriero è protetto da una gualdrappa di ferro decorata coi gigli di Francia e l'iniziale del re, esattamente come si vede nell'illustrazione.

**2. L'arme dei re di Francia e la collana dell'Ordine di San Michele.** L'Ordine di San Michele venne istituito nel 1469 da Luigi XI per rivaleggiare con quello del Toson d'Oro, creato dai duchi di Borgogna, all'epoca nemici mortali dei re di Francia. Contava 36 cavalieri che dovevano prestare giuramento direttamente al re; il simbolo che li contraddistingueva era un collare d'oro formato da otto piccole conchiglie unite da un doppio cordone al quale era appesa una medaglia con l'effigie dell'arcangelo. L'Ordine aveva la sua sede nella celebre abbazia di Mont Saint-Michel.

**3. Arme del conestabile di Borbone,** capo supremo delle armate francesi (dopo il re naturalmente). A Marignano comandava l'avanguardia dell'esercito di Francesco I che il secondo giorno degli scontri venne posta all'ala destra.

**4. Balestriere guascone.** I Guasconi, insieme agli uomini provenienti dalla Piccardia, erano gli unici sudditi del re cui veniva riconosciuto un certo valore come soldati di fanteria. Infatti i Francesi, superbi cavalieri, erano universalmente noti per la scarsa qualità dei loro fanti. Questi Guasconi combattevano in formazione sparsa come tiratori ed eccellevano nell'uso della balestra, ancora preferita agli archibugi; i Francesi li chiamavano anche *aventuriers,* perché non percepivano un regolare stipendio ed erano quindi costretti a soddisfarsi unicamente con il frutto di rapine e saccheggi.

**5. Falconetto.** Con questo nome si indicavano i minori fra i vari tipi di pezzi d'artiglieria che caratterizzavano gli arsenali della prima metà del XVI secolo. La leggerezza e le ridotte dimensioni facevano del falconetto l'arma migliore da impiegare contro dei bersagli in movimento sul campo di battaglia.

*1. Francis I, king of France, at the battle of Marignano. The equipment shown here is inspired to the carvings of the king's tomb in the abbey of St. Denis. Indeed, on both sides of the sarcophagus are represented the greatest victories occurred during the reign of Francis, including Marignano. The carving devoted to this battle shows right in the centre the king leading a charge with the couched lance against the Swiss phalanxes; his warhorse is protected by an iron trappings decorated with the fleur de lys and the initial of the king, exactly in the same way of the colour plate.*

▶ Stemma del ducato di Milano.
*Arms of the duchy of Milan.*

**2. Coat of arms of the French kings** with the collar of the Order of Saint Michael. The Order of Saint Michael was founded in 1469 by Louis XI to rival with the Order of the Golden Fleece, formed by the dukes of Burgundy, at those time deadly foes of the French Crown. It numbered 36 knights who should swear directly to the king; their symbol was a golden collar made from eight small shells united by a double cordon to which was hung a medal with the image of the saint. The Order's headquarter was based in the famous abbey of Mont Saint-Michel.

**3. Coat of arms of the constable of Bourbon**, supreme leader of the French armies (after the king himself). At Marignano he commanded the French vanguard which was posed on the right wing during the second day of the battle.

**4. Gascon crossbowman.** The Gascons, together with the men of Picardy, were the only subjects of the king who showed a certain value as infantry soldiers. The French, superb horsemen, were indeed universally known for the low quality of their infantry. These Gascons fought as shooters in scattered groups and were excellent with the crossbow, which they still preferred to the harquebus. The French called them also *aventuriers*, because they did not receive any pay and were forced to satisfy themselves only by pillage and plunder.

**5. Falconet.** This term was used to indicate the smallest artillery pieces of the first half of the XVI century. The lightness and the small size made the falconet the perfect gun against mobile targets on the battlefield.

## Tavola C: IL CAVALIER BAIARDO

**1.Pierre du Terrail, signore di Bayard**, con la sua cotta d'arme (1s). Il Baiardo, il più famoso cavaliere di tutti i tempi, cominciò la sua strepitosa carriera militare nel 1490 come uomo d'arme nella compagnia del conte di Ligny. Nel 1500 fu promosso portabandiera della compagnia e nove anni dopo, in occasione della battaglia di Agnadello, ottenne la nomina a capitano e il comando di una compagnia d'ordinanza. A Marignano si trovò spesso a fianco del re, che lo scelse per la sua investitura a cavaliere dopo averne osservato le prodezze in combattimento.

**2. Portabandiera della gendarmeria.** Lo stendardo risale all'epoca di Francesco I. A portare lo stendardo di una compagnia d'ordinanza venivano scelti solo i cavalieri più valorosi; la loro presenza serviva d'ispirazione al resto dei compagni. Spesso, infatti, la morte di un portabandiera e la caduta dello stendardo in mano nemica erano il preludio di un'imminente rotta. Sembra che la fuga dell'ala sinistra francese il secondo giorno della battaglia sia stata proprio causata dalla morte di uno di questi portabandiera, abbattuto dagli Svizzeri alla prima carica della gendarmeria.

**3. Stemma di Louis de la Trémouille**, uno fra i più noti generali francesi delle guerre d'Italia. Servì sotto Carlo VIII, Luigi XII e Francesco I, trovando la morte sul campo di Pavia nel 1525. A Marignano perse il suo unico figlio, Charles.

**1. Pierre du Terrail, lord of Bayard**, and his coat of arms (1s). Bayard, the most famous knight of all times, began his astonishing military career in 1490 as man at arms in the company of the count of Ligny. In 1500 he was promoted to standard bearer of that company and nine years later, before the battle of Agnadello, he was appointed captain and obtained the command of his personal company of ordinance. At Marignano Bayard found himself often at the king's side, who chose the brave knight to knight him after the battle.

**2. Standard bearer of the gendarmerie.** The standard dates back to the time of Francis I. Only the most valiant knights were chosen to bear the standard of a company of ordinance; their presence inspired the rest of their companions. The death of an ensign and the capture of the standard by the enemy were often herald of the unit's rout. It seems that the flight of the French left the second day of the battle was caused just by the death of one of these standard bearers, slain by the Swiss at the first charge of the gendarmerie.

**3.Arms of Louis de la Trémouille**, one of the better renowned French generals of the time. He served under Charles VIII, Louis XII and Francis I, finding the death on the field of Pavia in 1525. At Marignano he lost his only son, Charles.

## Tavola D: CAVALLERIA E GUARDIA DEL CORPO

**1. Jean de Moy, portabandiera dei 200 gentiluomini della guardia reale.** Il de Moy perì insieme agli Svizzeri che stava combattendo nel rogo della fortezza di Zivido alla fine della battaglia. Alcuni nobili francesi non avevano fatto in tempo a mettersi in salvo quando venne dato fuoco al castello. Quest'illustrazione si ispira al cavaliere in primo piano nell'immagine a pagina 16.

**2. Guardia del corpo (Trabanten) del comando lanzichenecco.** Le alabarde solitamente distinguevano i sottufficiali dai soldati semplici, la cui arma principale era invece la picca.

**3. Stemma di Odet de Foix, visconte di Lautrec**, uno dei quattro marescialli francesi (a quel tempo comandanti di cavalleria) che scesero in Italia al seguito di Francesco I. Non partecipò direttamente alla battaglia di Marignano poiché in quei giorni si trovava a Gallarate a trattare le condizioni di pace coi delegati svizzeri, ma divenne governatore di Milano nel 1516.

**4. Arme di Gaspard de Coligny, signore di Chatillon**. Padre dell'omonimo ammiraglio e capo degli ugonotti durante le guerre di religione in Francia, Gaspard de Coligny partecipò alla battaglia di Fornovo nel 1495 e a quella di Agnadello nel 1509. Durante le due giornate di Marignano venne incaricato di mantenere i collegamenti con l'armata veneziana. Fu nominato maresciallo di Francia l'anno successivo.

*1. Jean de Moy, standard bearer of the 200 gentlemen of the royal guard. De Moy died together with the Swiss he was fighting in the burning of the fortress of Zivido at the end of the battle. Some French nobles did not manage to save themselves in time when the landsknechts set fire to the castle. This illustration is inspired to the knight in the foreground of the image at page 16.*
*2. Bodyguard (Trabanten) of the landsknecht command. The halberds usually distinguished the NCOs from the common soldiers, whose main weapon was the pike.*
*3. Arms of Odet de Foix, viscount of Lautrec, one of the four French marshals (at that time commanders of the cavalry) who went down to Italy with Francis I. Lautrec did not take active part at the battle of Marignano cause in the same time he was at Gallarate trying to stipulate the peace with the Swiss ambassadors. In 1516 he was appointed governor of Milan.*
*4. Coat of arms of Gaspard de Coligny, lord of Chatillon. Father of the homonymous French admiral and leader of the Huguenots during the French Religious Wars, Gaspard de Coligny fought at Fornovo in 1495 and at Agnadello in 1509. During the two days of the battle of Marignano he had the task of keeping the communication with the Venetian army. The next year he was promoted marshal of France.*

## Tavola E: CAVALIERI FRANCESI

**1. 2. & 3. Uomini d'arme francesi appiedati**. Sebbene rappresentasse un duro colpo per il loro orgoglio nobiliare, le circostanze a volte richiedevano che i cavalieri smontassero da cavallo per combattere tra le fila della fanteria. All'assedio di Genova nel 1507 e a quello di Brescia nel 1512 lo stesso Baiardo aveva dovuto fare a meno del suo destriero per combattere sulla breccia. Anche quando comandavano formazioni di fanteria, come lanzichenecchi e Guasconi, i nobili combattevano a piedi. Tutti e tre gli esempi mostrano come, per aumentare la mobilità, i cavalieri abbiano rinunciato a molte parti dell'armatura, in particolare le protezioni per le gambe. Il n°2 e il n°3 hanno poi scelto di impugnare due spadoni a due mani.
**4. Arme di Gian Giacomo Trivulzio**, condottiero italiano al servizio dei Francesi come maresciallo
**5. Stemma di Galiot de Genouillac, siniscalco d'Armagnac**, comandante dell'artiglieria nell'esercito di Francesco I.
**6. Stemma di Carlo IV di Valois, duca d'Alençon**, comandante della retroguardia francese a Marignano, posta all'ala sinistra il secondo giorno della battaglia.

*1. 2. & 3. Dismounted French men at arms. Although it was an hard blow for their aristocratic proud, the circumstances often required that knights dismounted their horses to fight among the ranks of the infantry. At the sieges of Genoa in 1507 and Brescia in 1512 even Bayard was forced to leave his warhorse to fight on the breach. Also when they commanded infantry formations, like Gascons and landsknechts, the nobles fought on foot. All the three examples show how, in order to increase mobility, these knights have discarded many pieces of their armours, especially the leg protections. N°2 and n°3 have chosen to wield a deadly double-handed sword.*
*4. Arms of Gian Giacomo Trivulzio, Italian condottiero in French service as marshal.*
*5. Coat of arms of Galiot de Genouillac, seneschal d'Armagnac, commander of the artillery in the army of Francis I.*
*6. Coat of arms of Charles IV de Valois, duke d'Alençon, commander of the French rearguard at Marignano, deployed on the left wing the second day of the battle.*

## Tavola F: ARCHIBUGIERI LANZICHENECCHI E SVIZZERI

**1. 2. 3. e 4. Archibugieri lanzichenecchi**. All'inizio delle guerre d'Italia in ogni unità lanzichenecca un uomo ogni sedici era armato di archibugio, mentre fra gli Svizzeri (6) uno ogni dieci; tuttavia, con il perfezionamento delle armi da fuoco portatili, il loro numero crebbe. A Marignano, per esempio, i Tedeschi schieravano già un archibugiere ogni otto uomini. **5. Portabandiera di Zug.**
**6. Armato e schioppettiere svizzeri.**

*1. 2. 3. and 4. Landsknecht harquebusiers. At the beginning of the Italian Wars in a landsknecht unit a man for every sixteen was armed with harquebus, while a man for every ten among the Swiss (6); however, with the improvement of portable firearms, their number was constantly expanded. At Marignano, for example, the Germans already deployed one harquebusier every eight men. 5. Standard bearer of Zug.*
*6. Swiss Soldier and Harquebusier.*

Maximilian

Die vnbekannten fein wir difenn tag. kurtz
erkanntlichkut vnns vermag. kunig
maximilian vnns befchueff. vber vns
wurdt geen manger wilder ruff

Plotpurchfenn Gchieffenn eyfen

▲ ► Cannoni e colubrine del primo cinquecento. Stampe coeve (wikipedia)
*Various contemporary guns and colubrines. Sixteenth-century prints (wikipedia)*

## Tavola G: FANTERIA VENETA

**1. & 2. Picchieri e capitano di compagnia (3)** di una cerna veneziana. La massiccia partecipazione di Svizzeri e lanzichenecchi alle guerre d'Italia spinsero i maggiori stati italiani a dotarsi, seppur tardi, di una valida fanteria di picchieri. Tra gli esperimenti che ebbero maggior successo vi fu quello delle cerne veneziane, create nel 1508 addestrando le milizie venete e friulane alla maniera svizzera. Alcune cerne erano poi composte dai fanti romagnoli della Val di Lamone, considerati i migliori d'Italia; la loro livrea a strisce bianche e rosse era stata adottata dalla Serenissima per tutto l'esercito.

**4. Il leone di S. Marco**, classico gonfalone della repubblica di Venezia. Quando veniva dichiarata guerra i Veneziani sostituivano spesso con una spada il vangelo nella zampa destra del leone.

*1. & 2. Pikemen and captain of a company (3) from a Venetian cerna. The great number of Swiss and landsknechts fighting in the Italian Wars brought many Italian states to the adoption, though late, of a valid pike infantry. The most successful experiment in this sense was that of the Venetian cerne ("chosen units"), created in 1508 by training the country militia in the Swiss manner. Some of these units were even composed by the Romagnol infantrymen from the Val di Lamone, considered among the best of Italy. Their red and white liver was adopted by the Serenissima for the entire army.*

*4. The lion of St. Mark, traditional banner of the Republic of Venice. When war was declared the Venetians often changed with a sword the gospel in the lion's right paw.*

## Tavola H: PORTASTENDARDO DEGLI STRADIOTTI VENETI

**1. Portastendardo degli stradiotti.** L'equipaggiamento di questo cavalleggero è molto più elaborato del normale stradiotto. L'elmo e l'impugnatura delle due spade (una è una scimitarra) sono di origine turca, mentre per la sella del cavallo è stata usata una pelle di lupo. Gli stradiotti montavano piccoli e veloci cavalli turchi e venivano reclutati da Venezia tra le popolazioni balcaniche in guerra contro gli Ottomani (soprattutto Greci e Albanesi). Erano noti per le loro barbare usanze, tra cui quella di decapitare i nemici sconfitti e portarne le teste in trionfo ai loro comandanti. Anche i Francesi, che avevano affrontato gli stradiotti per la prima volta a Fornovo nel 1494, cominciarono a reclutarli nei loro eserciti che combattevano in Italia.

**2. Il fante** qui illustrato è una libera ispirazione dalle figure di soldati nei quadri del Giorgione. Ciò nondimeno esso rappresenta alla perfezione quella che era la tipica fanteria leggera italiana o spagnola del Rinascimento. Armati di spade e piccoli scudi, questi fanti erano impiegati principalmente durante scaramucce e assedi; soprattutto quando si trattava di combattere su di una breccia questi agili spadaccini si rivelavano molto più utili dei cavalieri impacciati nei movimenti dalle loro pesanti armature.

*1. Standard bearer of the stradiots. The equipment of this light horseman is much more elaborated than that of the "normal" stradiot. The helmet and the sword grip (one is a scimitar) are of Turkish origin, while the saddle is obtained from a wolf skin. The stradiots mounted small and fast Turkish horses and were recruited by Venice among the Balkan people at war with the Ottomans (mostly Greeks and Albanians). They were known for their barbaric customs, including the beheading of the defeated enemies. Also the French, who faced the stradiots for the first time at Fornovo in 1494, started to enlist them for their armies fighting in Italy.*

*2. This infantryman is freely inspired by the figures of soldiers depicted by the Renaissance painter Giorgione. However, he perfectly represents the typical Renaissance Italian or Spanish light infantry. Armed with swords and bucklers, this infantrymen were principally employed during sieges and skirmishes; specially when they fought on a breach these skilled swordsmen were much more valuable than the knights clumsy in their heavy armours.*

## Tavola I: STRADIOTTI E FANTI VENETI

**1. Stradiotto.** In luogo della classica cotta di maglia, questo cavalleggero si protegge con una giubba di cuoio imbottito; il cappello, che ricorda tanto una bombetta ottocentesca, era una caratteristica peculiare degli stradiotti. Le lance erano più corte di quelle della cavalleria pesante e venivano chiamate *assegai*. Secondo alcune fonti furono gli stradiotti, e non i lanzichenecchi, ad incendiare il castello di Zivido dove si erano rifugiati gli ultimi superstiti svizzeri.

**2. Un altro fante**, questa volta un picchiere, ispirato ai dipinti del Giorgione. Si notino i guanti di ferro a protezione delle mani.

*1. Stradiot. In place of the classical mail coat, this rider protects himself with a jacket made of quilted leather. The hat, which remembers a XIX century bowler, was a peculiar feature of the stradiots. The lances were shorter than those of the heavy cavalry and were called assegai. According to some sources the stradiots, and not the landsknechts, were responsible for the burning of the castle of Zivido were the last Swiss found refuge.*

*2. Another infantryman, this time a pikeman, inspired to the paintings of Giorgione. Note the iron gauntlets protecting the hands of the soldier.*

## Tavola K: IL CARDINALE SCHINNER A MARIGNANO

**1. Reisläufer,** traducibile come "mercenario" o anche "avventuriero", era il nome in lingua tedesca che si davano i mercenari svizzeri. Questi appartengono ai contingenti di Zug e di Zurigo, i più numerosi a Marignano, capitanati da Marx Röist. Solo gli ufficiali e talvolta anche gli uomini delle prime file si concedevano il lusso di portare l'armatura; gli Svizzeri affermavano infatti che le corazze servivano solo ai codardi e che per combattere bastavano le spade e le picche. Spavalderia a parte, il rifiuto delle protezioni per il corpo era probabilmente dettato dalle particolari tattiche impiegate dai quadrati svizzeri. La capacità di manovra, i cambi di fronte e gli attacchi repentini sarebbero stati inevitabilmente penalizzati dai movimenti impacciati di uomini coperti di ferro da capo a piedi.

**2. Il cardinale Matthäus Schinner,** in abito religioso, in groppa ad un cavallo da guerra. La veste cardinalizia venne molto probabilmente scartata in occasione del combattimento, anche perché il cardinale, incappato in una banda di lanzichenecchi durante la notte della battaglia, riuscì ad allontanarsi fingendosi uno di loro.

**3. Bandiera di Zug. 4. Bandiera di Zurigo**

**5. Bandiera del Vallese,** il cantone cui apparteneva il cardinale Schinner.

*1. Reisläufer, which could be translated as "mercenary" or "adventurer", was the name given by Swiss to their soldiers. These ones belong to the contingents of Zug and Zurich, the most numerous at Marignano, commanded by Marx Röist. Only the officials and sometimes the men of the first ranks allowed themselves the luxury of an armour; the Swiss claimed indeed that only cowards used cuirasses, while they needed only swords and pikes to fight. Except for bold statements like this, the refuse of the body protection was probably due to the particular tactics employed by the Swiss pike squares. The ability of manoeuvring, the change of formation and the rapid attack would inevitably suffer a great penalty when performed by men clumsy in their armours from head to toe.*

*2. The cardinal Matthäus Schinner, in religious dress, mounting a warhorse. The cardinal clothes was surely abandoned before combat, because the cardinal, encountering a band of landsknechts during the night of the battle, managed to leave the scene alive pretending to be one of them.*

*3. Banner of Zug 4. Banner of Zurich*

*5. Banner of Valais, the canton to which the cardinal Schinner belonged.*

## Tavola L: FANTERIA SVIZZERA A

**1. Alfiere di Appenzell.** La parola *Appenzell* deriva dal latino *abbotis cella,* "residenza dell'abate", e sottolineava la dipendenza di questo cantone dalla vicina abbazia di San Gallo. L'orso dipinto sulla bandiera era uno dei simboli dell'abate di San Gallo.

**2.** Uno dei 2.000 *Freiknechte, o enfants perdu* come li chiamavano i Francesi, che si lanciarono all'assalto dell'artiglieria francese all'inizio della battaglia. Erano tutti giovani volontari scelti per la loro prestanza fisica e si distinguevano dai berretti piumati e dalle terribili *bidenhänder,* i mortali spadoni a due mani con lame lunghe fino a un metro e mezzo.

**3. Picchieri svizzeri.** Verso la fine del XV secolo la picca svizzera, in legno di rovere, raggiungeva una lunghezza 3 metri, ma poi, durante le guerre d'Italia fu allungata fino a cinque e in alcuni casi persino a sei metri. Gli uomini venivano addestrati al maneggio della picca in formazione tra i 16 e i 18 anni; la disciplina era rigidissima. Chi dava segni di paura o tentava di fuggire in combattimento veniva ucciso sul posto dai compagni; le famiglie dei codardi e dei disertori perdevano la casa e i diritti civili per tre generazioni.

*1. Standard bearer of Appenzell. The word Appenzell comes from the Latin expression abbotis cella, meaning "residence of the abbot", and stressed the dependence of the canton towards the nearby abbey of St. Gallen. The bear depicted on the banner was one of the abbot's symbols.*

*2. One of the 2.000 Freiknechte, or enfants perdu as the French called them, who attacked the French artillery at the beginning of the battle. They were all young volunteers chosen for their physical fitness and distinguishable from the rest of the Swiss for their plumed hats and the terrible bidenhänder, the deadly two-handed swords with blades up to 1.5m long.*

*3. Swiss pikemen. Towards the end of the XV century the Swiss pike, made with oak wood, usually reached a length of 3m, but, during the Italian Wars, its length was brought up to 5m and sometimes even to 6m. Men between 16 and 18 years started the training with the pike in close order; the discipline was very strict. Who showed fear or tried to escape during the combat was immediately killed by his companions; the families of the cowards and the deserters lost home and civil rights for three generations.*

## Tavola M: FANTERIA SVIZZERA B

1. & 2. Alabardieri svizzeri. 3. Capitano. Gli ufficiali e le truppe scelte esibivano spesso un abbigliamento più lussuoso e stravagante del comune fante. I cappelli più grandi, ricchi di piume variopinte, appartenevano solitamente ai veterani o ai guerrieri di rango più elevato, mentre la piccola croce bianca cucita sul petto o sulle spalle dei soldati era l'unico segno esteriore che permetteva di distinguere gli Svizzeri dai lanzichenecchi. **Il fante n°4** è armato con una roncola, un'arma creata apposta per agganciare l'armatura di un cavaliere e trascinarlo a terra.

5. **Bandiera di Schwyz.** 6. **Bandiera di Basilea** che raffigura la pastorale del vescovo della città. Una delle varie leggende che circolano su Hans Bär, l'eroico alfiere di Basilea caduto a Marignano, racconta che prima di morire Bär riuscì ad affidare a un suo compagno lo stendardo della città il quale, nascondendolo sotto la camicia, riuscì a riportarlo intatto fino a casa.

*1. & 2. Swiss halberdiers. 3. Captain. The officials and the elite troops often showed a more luxurious and extravagant dress than the common infantryman. The biggest hats, rich of coloured plumes, usually belonged to the veterans or the high ranking warriors, while the little white cross sewn on the soldiers' chest or shoulders was the only exterior marking which distinguished the Swiss from the landsknechts. The infantryman n°4 wields a bill, an army especially designed to hook a knight's armour and drag him to the ground.*

*5. Banner of Schwyz. 6. Banner of Basel depicting the pastoral staff of the town's bishop. One of the various legends concerning Hans Bär, the heroic standard bearer of Basel died at Marignano, tells that Bär, before dying, left the banner to a companion who, hiding the flag under his shirt, managed to bring it home undamaged.*

## Tavola N: FANTERIA SVIZZERA C

1. Tamburo 2. Alfiere e 4. Capitano di Uri. Il capitano porta una *lanzichenetta*, la tipica spada corta dei lanzichenecchi (in tedesco *Katzbalger*), che ha sottratto ad uno di essi dopo la vittoria di Novara nel 1513. Il nome *Katzbalger* in tedesco significa "pelliccia di gatto" e alludeva probabilmente alla bassa estrazione degli uomini che si arruolavano tra i lanzichenecchi, troppo poveri per permettersi un vero fodero e quindi costretti a servirsi della pelle dei felini domestici. In realtà fra i lanzichenecchi (e gli Svizzeri pure) combattevano molti nobili e borghesi a dimostrazione del prestigio che la fanteria aveva raggiunto all'alba dell'età moderna. La *Katzbalger* veniva sempre portata orizzontale rispetto alla cintura ed era inconfondibile per la punta arrotondata e la guardia a forma di otto o S. La daga svizzera (*Schweizerdegen*) si distingueva per la lama a punta e il pomo e la guardia a forma di mezzaluna.

3. Alabardiere. 5. Questo fante porta ancora una particolare forma di lancia corta, lo spiedo o *Schweinspiele*, che venne gradualmente abbandonata verso la fine del'500.

6. **Bandiera di Glarus** raffigurante san Fridolino, il missionario irlandese che evangelizzò la regione nel VI secolo e fondò l'abbazia di Säckingen nel Baden. 7. **Le chiavi di san Pietro sullo stendardo di Unterwalden.**

*1. Drummer 2. Standard bearer and 4. Captain of Uri. The captain carries a Katzbalger, the typical dagger of the landsknechts which he took away from one of them after the victory of Novara in 1513. The German word Katzbalger means "cat's skin" and probably alluded to the poorness of the men who joined the landsknechts, unable to get a real scabbard and thus forced to use the skin of the cats. Actually the great number of nobles and bourgeois fighting among the ranks of the landsknechts (and also the Swiss) testifies the great prestige reached by the infantry arm at the dawn of the modern age. The Katzbalger was always carried horizontally to the belt and was distinctive for its round tip and S shaped guard. The Swiss dagger (Schweizerdegen) differed for the tipped blade and the crescent shape of the pommel and the guard.*

*3. Halberdier 5. This infantryman still carries a particular type of short spear, a spetum or Schweinspiele, which was gradually abandoned towards the beginning of the XVI century.*

*6. Banner of Glarus depicting st. Fridolin, the Irish missionary who evangelized the region in the VI century and founded the Säckingen Abbey in Baden. 7. St. Peter's keys on the standard of Unterwalden.*

## Tavola O: FANTERIA SVIZZERA D

1. 3. 4. e 5. Alabardieri svizzeri. Il n°5 porta anche un pugnale per il corpo a corpo. Data l'estrema ristrettezza dello spazio lasciato a ciascun uomo nel quadrato di picche, le armi secondarie dovevano essere necessariamente corte, per lo più daghe e pugnali. L'unico punto debole degli Svizzeri, considerati praticamente invincibili fino a Marignano, era la guerra d'assedio. Come la falange macedone, i quadrati svizzeri erano inarrestabili in campo aperto, ma quando si trattava di scalare mura o assaltare brecce la loro rigida formazione perdeva qualsiasi utilità e risultava addirittura d'intralcio. Ecco perché nei loro contratti d'ingaggio i mercenari elvetici ebbero sempre cura di precisare la clausola che prevedeva esclusivamente il combattimento in pianura.

2. **Capitano armato di guanti di ferro** e corazza a protezione del busto. 6. **Bandiera di Lucerna.**

7. **Bandiera di Berna.** Secondo la leggenda il nome e il simbolo della città vennero scelti dal suo fondatore, il

duca Berthold V di Zähringen, che promise di chiamare la città col nome dell'animale che avrebbe incontrato per primo andando a caccia, un orso appunto. I Bernesi, tradizionalmente i più fidati alleati dei Francesi in Svizzera, accettarono gli accordi di Gallarate con Francesco I e si ritirarono in patria prima della battaglia.

*1. 3. 4. and 5. Swiss halberdiers. Nº5 carries also a dagger for the close combat. Given the extreme narrowness of space left to every men in the pike square, the secondary weapons needed to be short, mostly dagger and short swords. Siege warfare was the only weakness of the Swiss, regarded as virtually invincible till Marignano. Like the Macedonian phalanx, the Swiss squares were unstoppable on an open ground, but when it came to climbing walls and storming breaches their rigid formation lost any advantage and became even an obstacle. Here lays the explanation of the clause included in every employment contracts with the Swiss which allowed them to fight exclusively on the plains.*

*2. Captain armed with steel gauntlets and a cuirass protecting the trunk. 6. Banner of Luzern.*

*7. Banner of Bern. According to the legend the name and the symbol of the city were chosen by its founder, the duke Berthold V of Zähringen, who promised to call the city after the name of the first animal he would meet going on the hunt, a bear indeed. The Bernese, traditionally the most trusted allies of the French in Switzerland, accepted the agreements of Gallarate with king Francis I and retired before the battle.*

## Tavola P: LANZICHENECCHI

**1. e 2. Lanzichenecchi al servizio dei Francesi.** Il nº2 è armato con una partigiana, un tipo particolare di arma ad asta. I Francesi cominciarono a servirsi dei "lanzi" (come venivano chiamati i lanzichenecchi in Italia) nel 1512, in occasione della battaglia di Ravenna. Gli Svizzeri non erano più disponibili perché avevano rotto la loro alleanza col re di Francia ed erano passati nella Lega Santa del papa Giulio II. Francesco I ne aveva 23.000 a Marignano, 6.000 dei quali componevano la famigerata Banda Nera. I restanti 17.000 erano così suddivisi: 12.000 picchieri, 2.000 archibugieri, 2.000 uomini armati di spadoni a due mani e 800 alabardieri.

**3. Lanzichenecco della Banda Nera**, comandata da Robert III de la Mark, duca di Gheldria e signore di Fleuranges, e dal suo luogotenente Jean de Tavannes. La Banda Nera era un'unità d'elite che, in spregio al decreto imperiale che proibiva ai lanzichenecchi di combattere al soldo dei nemici dell'imperatore, combatté sempre per il re di Francia. Considerati alla stregua di traditori dagli altri Tedeschi, gli uomini della Banda Nera vennero sterminati fino all'ultimo alla battaglia di Pavia dai lanzichenecchi del Frundsberg. Il loro motto era *"Un lanzichenecco non può andare all'Inferno perché turberebbe i sonni del Diavolo."*

**4. Stemma del ducato di Milano.** Le aquile imperiali vennero aggiunte nel 1395 quando Gian Galeazzo Visconti ricevette la nomina a duca dall'imperatore Venceslao di Lussemburgo. **5. Tamburo dei lanzichenecchi** con l'aquila imperiale.

*1. and 2. Landsknechts in French service. Nº2 is armed with a partisan, a particular type of polearm. The French started to recruit the "lanzi" (as the landsknechts were known in Italy) on the occasion of the battle of Ravenna in 1512. The Swiss were not available cause they had broken the alliance with the king and joined the Holy League of the pope Julius II. Francis I had 23.000 landsknechts at Marignano, 6.000 of whom formed the infamous Black Band. The remaining 17.000 were divided into 12.000 pikemen, 2.000 harquebusiers, 2.000 men armed with double handed swords and 800 halberdiers.*

*3. Landsknecht of the Black Band, commanded by Robert III de la Mark, duke of Guelders and lord of Fleuranges, and by his lieutenant Jean de Tavannes. The Black Band was an elite unit which, in violation of an imperial decree forbidding the landsknechts to fight for the emperor's enemies, always fought for France. Regarded as traitors by the other Germans, the men of the Black Band were killed till the last man by Frundsberg's landsknechts at the battle of Pavia. Their motto was "A landsknecht cannot go to Hell because he will trouble the Devil's dreams."*

*4. Arms of the duchy of Milan. The imperial eagles were added in 1395, when Gian Galeazzo Visconti was appointed duke by the emperor Wenceslaus of Luxemburg. 5. Landsknecht drum with the imperial eagle.*

## Tavola Q: LANZICHENECCHI AL SERVIZIO DI MILANO

**1. 2. e 3. Doppelsöldner.** In un'unità lanzichenecca gli alfieri, i tamburi, gli archibugieri, gli alabardieri e gli uomini armati di spadone erano tutti *Doppelsöldner*, ossia soldati con la paga doppia. Il n° 2 porta uno stendardo di Ludovico il Moro; nel 1500 il duca di Milano aveva infatti reclutato 5.000 lanzichenecchi per la difesa del ducato contro i Francesi. Il numero tre è armato con un tipo particolare di spadone, la flamberga, così chiamata per la forma a fiamma della sua lama ondulata.

**4. e 5. Stendardi sforzeschi.** *1. 2. and 3. Doppelsöldner. In a landsknecht unit the standard bearer, the drums, the halberdiers, the harquebusiers and the men armed with a double handed sword were all Doppelsöldner, i.e. soldiers with a double pay. Nº2 carries a standard of Ludovico il Moro; in 1500 the duke of Milan raised 5.000 landsknechts for the defense of the duchy against the French. Nº3 is armed with a particular type of double handed sword, the flamberg, so called for the wavy shape of its blade, which recalled a flame. 4. and 5. Sforzeschi standards.*

▲ ► Fogli di soldatini di carta di soldati del primo cinquecento dal corrierino dei piccoli. Collezione dell'auotore
*Papersoldiers related men at arms of early XVI century. Author collection*

BALESTRIERE

ARCHIBUGIERE

LANZICHENECCO

LANZICHENECCO

PICCHIERE

UOMO D'ARME

UOMO D'ARME

TAMBURINO LANZICHENECCO

CAPITANO DEI LANZI

UOMO D'ARME

ALABARDIERE LANZICHENECCO

LANZO CON SPADONE A DUE MANI

ARCHIBUGIERE LANZICHENECCO

UOMO D'ARME

UOMO D'ARME

UOMO D'ARME A CAVALLO

UOMO D'ARME A CAVALLO

UOMO D'ARME A CAVALLO

UOMO D'ARME CON LANCIA

# IL CAMPO DI BATTAGLIA OGGI

La nostra prima tappa può tranquillamente iniziare dallo splendido e imponente castello mediceo di Melegnano. Città anticamente chiamata Marignano, che dà il suo nome alla battaglia, anche se, come già per Waterloo, la battaglia si svolse effettivamente diversi chilometri più avanti, per l'esattezza a Zivido, oggi frazione di San Giuliano Milanese.

Usciti da Melegnano, prendiamo la via per Milano. Appena fuori dall'abitato facciamo le prime due escursioni. La prima, a sinistra in direzione di Mezzano dove sorge il piccolo oratorio di Santa Maria della Neve. All'interno dello stesso si trova un altare che contiene numerosi teschi e ossa umane. Secondo la tradizione popolare si tratta di resti di soldati francesi e svizzeri caduti nella battaglia, ma potrebbe anche trattarsi di una delle tante cappelle dei morti di peste nel 1630, assai diffuse in Lombardia. Tornati sulla strada per Milano deviamo, questa volta a destra, all'altezza della cascina Rampina; dopo poche centinai di metri possiamo ammirare la bella Rocca Brivio e poco distante la storica cascina Santa Brera, anticamente denominata Santa Brigida. In queste due località è accertata la sosta di re Francesco I dal 12 al 15 settembre.

Ripresa nuovamente la strada statale giungiamo dopo 4 chilometri a Zivido. Entriamo nel borgo per la strada a destra che ci conduce dapprima alla piccola chiesa quattrocentesca di Santa Maria della Natività, gioiello gotico lombardo della seconda metà del XV secolo. Questa chiesina è considerata l'epicentro della battaglia, e ne rappresenta anche il monumento più importante. La battaglia è ricordata anche da una colonna commemorativa eretta verso il 1890 che segnala il luogo dove furono ritrovati teschi e ossa umane, risalenti con molta probabilità allo scontro del 1515. Sul retro della chiesina, all'altezza dell'abside è stato posto anche il monumento dedicato al sacrificio della fanteria svizzera ad opera del governo elvetico. Usciamo dalla chiesina e raggiungiamo poco lontano, il centro della piccola frazione di Zivido, ove sorge il castello dei Brivio, di cui resta in originale la sola torre quadrangolare. Il luogo è famoso perché alcune centinaia di svizzeri che si erano asserragliati al suo interno perirono tra le fiamme appiccatevi dai soldati francesi.

Usciti da Zivido, sempre percorrendo la via per Milano, arriviamo a San Donato. Qui si può visitare la cascina Roma dove Francesco I alloggiò dal 16 al 22 settembre. A pochi chilometri, anche se non direttamente investita dalla battaglia, suggeriamo infine una visita alla bella abbazia di Viboldone che fra le altre cose conserva un importante ciclo di affreschi quattrocenteschi.

▲ **La chiesina di Zivido** con la cappella ossario di Mezzano, sono i principali luoghi di conservazione dei resti dei caduti della battaglia. Foto Cristini
*The chapels of Zivido and Mezzano, are the main places of storage of the deaths of the battle. Photo by Cristini.*

◀ **La rocca Brivio**, insieme alla cascina di Santa Brera, e alla cascina Roma, furono luoghi dove alloggiò prima e dopo la battaglia, re Francesco I di Francia. Foto Cristini.
*The fortress Brivio, together with the farm of Santa Brera, and Roma farm, were places where took rooms the King Francis I of France. Photo by Cristini.*

# BIBLIOGRAFIA

-Ameli C., *La battaglia di Marignano detta dei giganti*, Melegnano, 1965
-Barbero A., *La guerra in Europa dal Rinascimento a Napoleone*, Roma, 2003
-Baumann R., *Landsknechte*, Monaco ,1994
-Cardini F., *Quella antica festa crudele*, Milano 1995
-Contamine P., *La guerra nel Medioevo*, Bologna 1986.
-Cipolla C. M., *Vele e cannoni*, Bologna, 1999
-Dal Negro P., *Guerra ed eserciti da Machiavelli a Napoleone*, Bari, 2007
-Fieffé E., *Histoire des troupes étrangères au service de France*, Parigi, 1854
-Frey S., *Le guerre milanesi* in "Storia Militare Svizzera", Berna, 1936
-Gerosa Bricchetto G., *La battaglia di Marignano*, Milano, 1965
-Giovio P., *Istorie del suo tempo*, Venezia, 1608
-Giovio P., *Elogi degli uomini illustri*, Torino, 2006
-Guicciardini F., *Storia d'Italia*, Torino, 1971
-Hale J. R., *L'organizzazione militare di Venezia nel '500*, Roma 1990
-Harkensee H., *Die Schlacht bei Marignano*, Göttingen 1909
-Knecht R. J., *Renaissance warrior and patron: the reign of Francis I*, Cambridge 1994
-Kurz H. R., *Schweizer Schlachten*, Berna, 1962
-Machiavelli N., *Arte della Guerra*, Milano, 1961
-Mallet M., *Signori e mercenari*, Bologna 1983
-Mallet M., *L'organizzazione militare di Venezia nel '400*, Roma 1989
-Oman C., *History of the Art of War in the 16th Century*, Londra, 1937
-Pellegrini M., *Le guerre d'Italia 1494 – 1530*, Bologna, 2009
-Pertone Bargagli Stoffi M. G., *Baiardo*, Pisa, 1980
-Pieri P., *Il Rinascimento e la crisi militare italiana*, Torino, 1952
-Spont A., *Marignan et l'organisation militaire sous François Ier*, "R. des questions historiques", n. 22, 1899
-Tardani G., *Bartolomeo d'Alviano*, Viterbo 2008
-Taylor F., *The Art of War in Italy 1494 – 1529*, Cambridge, 1920
-Troso M., *L'ultima battaglia del Medioevo*, Mariano del Friuli, 2002
-Verri P., *Storia di Milano*, Firenze, 1963.


Siti internet:

http://www.aczivido.net
http://www.niderost.com/pages/Battle_of_Marignano.htm
http://www.xenophongroup.com/EMW/article002.htm

# TITOLI PUBBLICATI - ALREADY PUBLISHING

**WWW.SOLDIERSHOP.COM    WWW.BOOKMOON.COM**